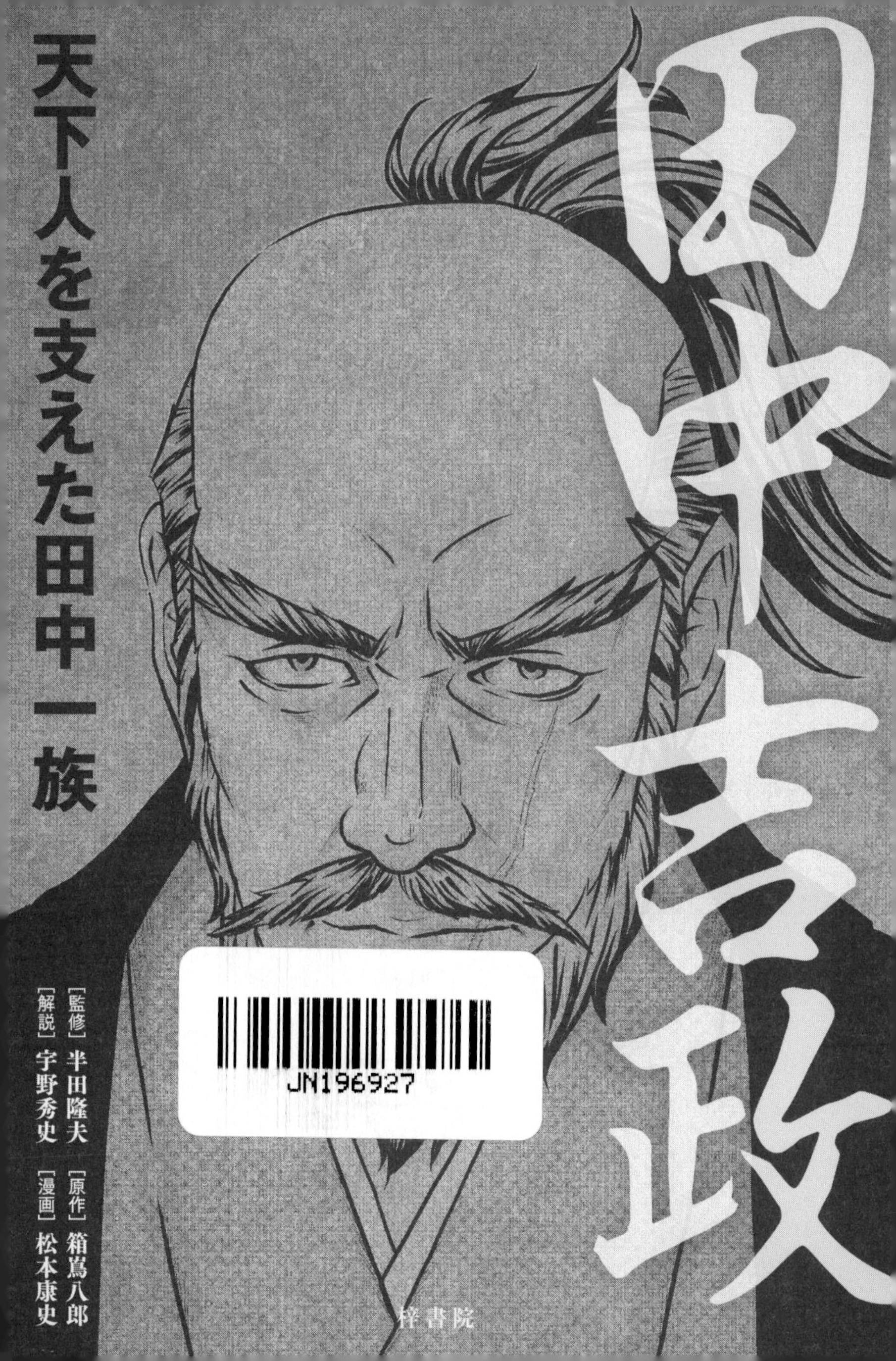

田中吉政

天下人を支えた田中一族

［監修］半田隆夫
［原作］箱嶌八郎
［解説］宇野秀史
［漫画］松本康史

梓書院

目　次

第一部 三成と吉政

人はいつの時代にも
その時代の波に翻弄され
本当に大切なものを
見失う

これは
田中吉政と石田三成の
二人の似たもの
同士でありながら
違う道を生きた
数奇な出会いと別れの
物語である

西軍
約八万二千人
石田三成
鶴翼の陣で
家康の東軍
約七万五千人を
包囲するように
待ち構えた
小早川
石田
小西
島
東軍
島津
宇喜多
大谷
毛利

中仙道北
軍勢三千人布陣

東軍　田中吉政
この時五三歳

パーン
パーン
井伊殿の軍勢が
西軍宇喜多軍勢に発砲
福島殿の軍勢が
動き始めました
よし
わしらもつづくぞ!
太閤様にともに仕え
同じ釜の飯を食ったわしらが
こうして対峙する
これは何故か?
どうしても
話したいんや
佐吉(三成)はん

戦とは
打ち抜くことぞ
一歩も引くな！
大筒を放て！
どっ
どんっ
どんっ

辰の刻（午前八時）開戦
大万大吉
大吉

豊臣家の繁栄
わしも太閤様に仕えていた頃
太閤様のもと検地で国をまわる佐吉はんと話をしたことがあった
全国をまわっておるらしいのう見に来たで
おお田兵はん！
わしと佐吉はんはお互い近江の生まれまさに同郷人やった

なあ田兵はん私はいつも思い出すことがある
それは一四の頃や
太閤様の茶坊主としてその才知を見出されるまえか
ははは そうだ！
姉川の合戦後太閤様は長浜城を築き城下町には人々が集まり活気にあふれていた
その中で私は育った

私は あの頃見た 活気に満ちた 城下町が
ずっと 忘れられないのだ
そう わしも いつも安土城の 石垣作りの監督を していた頃を 思い出す
それが 佐吉はんが 考えたもんか？
これは検地尺だ
土地の領主の申告 だけでは不正ばかり しかも尺の長さが ばらばらときては 石高を把握できぬ
つまり これを基準に全国を まわり田畑の面積を 調べなおして おるのだ

やっぱり佐吉はんは刀より尺が似合っている
不毛の国やから戦乱が終わらない
遠い国南蛮渡来の文化を知ってわかった
戦は尺では計れぬがいつか刀が尺に変わる時代がくる私はそう思っている

しかし
慶長三（一五九八）年
八月一八日
伏見城

まだ幼い後継者
秀頼のことを
案じながら
太閤豊臣秀吉は
亡くなられた

それは
徳川家康を筆頭にする
五大老と佐吉はんら
五奉行の分裂を意味した

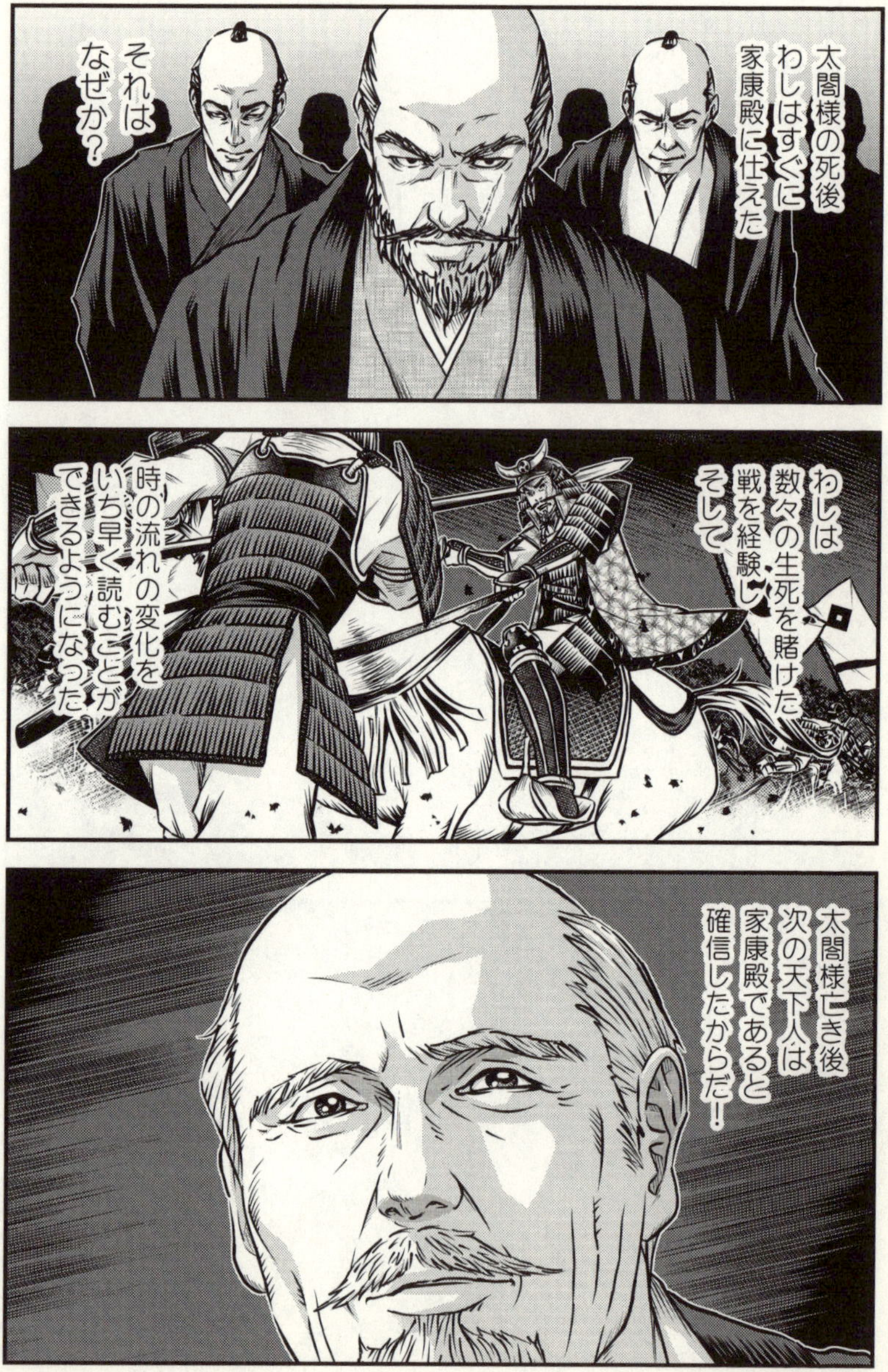
太閤様の死後
わしはすぐに
家康殿に仕えた
それは
なぜか？
わしは
数々の生死を賭けた
戦を経験し
そして
時の流れの変化を
いち早く読むことが
できるようになった
太閤様亡き後
次の天下人は
家康殿であると
確信したからだ！

そして家康殿は
縁組を策し武断派七将を味方にしていった
しかしその行動は太閤様の遺命に反すること
豊臣家を揺るがし天下取りに動く家康の行動に五奉行の筆頭佐吉はんは打倒家康の思いが強まった
そしてついに佐吉はんは大谷吉継、島左近ら諸将と挙兵

七将…福島正則、加藤清正、池田輝政、細川忠興、浅野幸長、加藤嘉明、黒田長政。

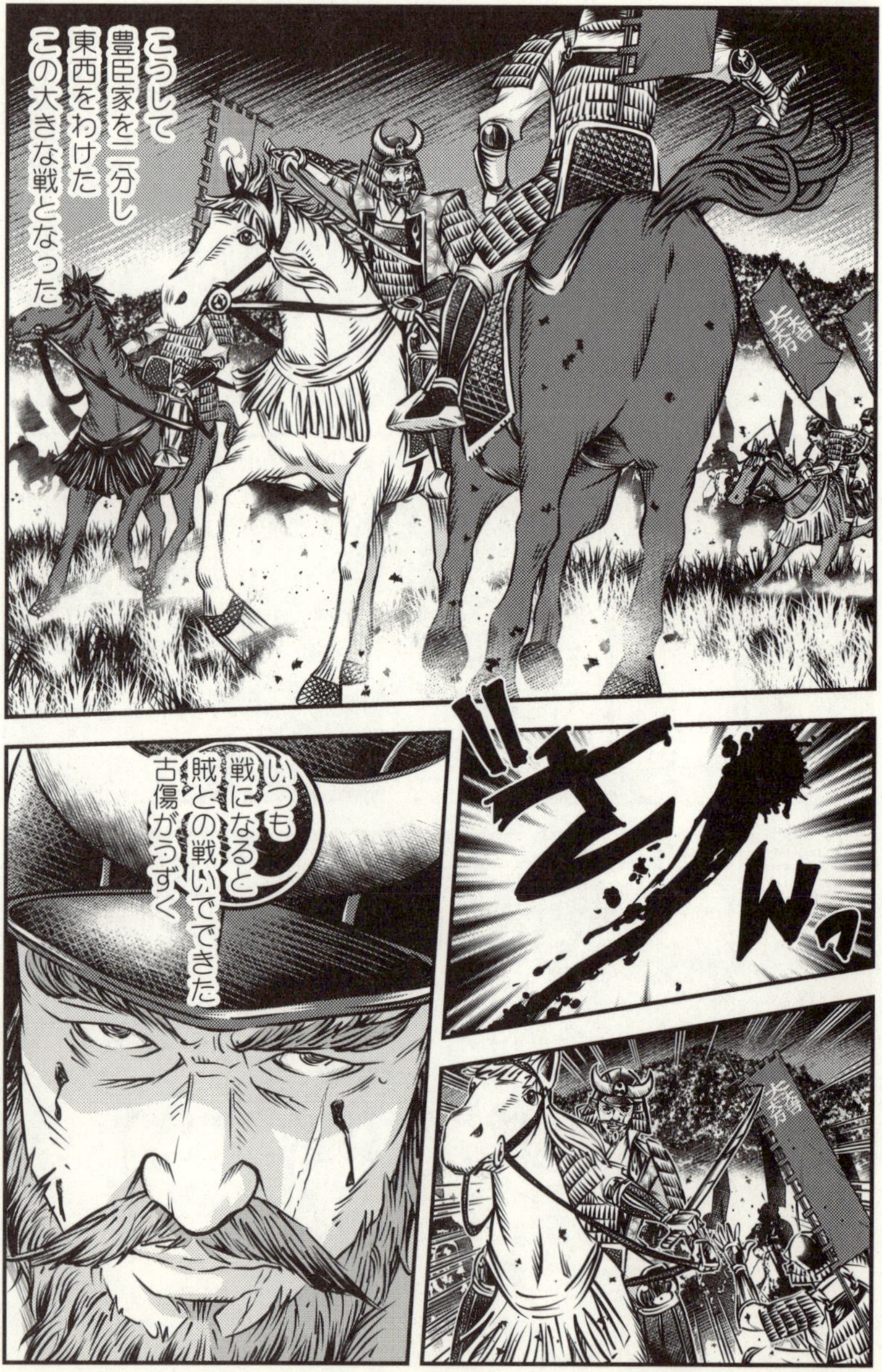
こうして
豊臣家を二分し
東西をわけた
この大きな戦となった
いつも
戦になると
賊との戦いでできた
古傷がうずく

そしてこの傷がうずくと決まって何かが起こる！
子の刻（午後一二時）事態は起きた
のろしを上げておるのに
なぜ松尾山の小早川は動かんのだ！
西軍の小早川は西軍東軍どちらにつくべきか迷っていた

小早川の軍勢に
発砲いたせ！
パーパーン
そして
これに恐れをなした
小早川は出陣

西軍
大谷吉継軍勢を
攻撃

これを機に
形勢は逆転

さらに西軍の日和見軍勢も次々に裏切り
脇坂 朽木 小川 赤座 も一斉に裏切り 敵方は混乱にありまする！
人の心…
計りがたし…

三成軍勢が退却を始めました！
追うぞ！
さあどうするか？
西軍の敗色は明らかばい

戦もせんでこのまま帰るわけにもいかん
おおおお

西軍
島津軍勢が動き
始めました
家康殿の本陣へ
向かっております
どういたしますか？
西軍の
敗色は明らか
何故今さら
それは
戦況をうかがい
動かなかった
島津軍勢の
意地を見せた
敵中突破での
退却であった

家康本陣
穢土欣求浄土
敵総崩れでありまする！三成は伊吹山へ逃亡いたしました！
よし吉政殿を呼べ
吉政殿は三成と同郷北近江立ち寄る先もよくわかるであろう

そして午後
西軍は関ヶ原から
消えた…

伊吹山
この周辺はすべて捜しましたが見つかりません
清左衛門 わしは井口村へ戻る 必ず生け捕りにするのだ
追い込んで自害させてはならんぞ!
承知でござりまする!
なんとしてもわしが佐吉はんを捕らえる
落ちた佐吉はんに恥をかかせたくないんや
それにどうしても話したいことがあるんや

このまま
大義をはたせぬままに
落ちてなるものか！
はぁはぁ
なんとしても
城に戻り
態勢を整え
再起をはかるのだ
あぁ
なんてことだ…

三成様の居城
佐和山城が…
多人数では目立つ
ここで別れ
天運あらば
再び
大坂城であおうぞ
し
承知で
ござりまする！

井口村陣営
今頃
佐吉はんは
伊吹山の中を
逃げ回っていよう
奴もそう若くない
山の寒さは
身にこたえよう
向かう足取りは…
故郷の
石田村…
しかし
逃亡しておる身
食をするにも
火も熾せまい

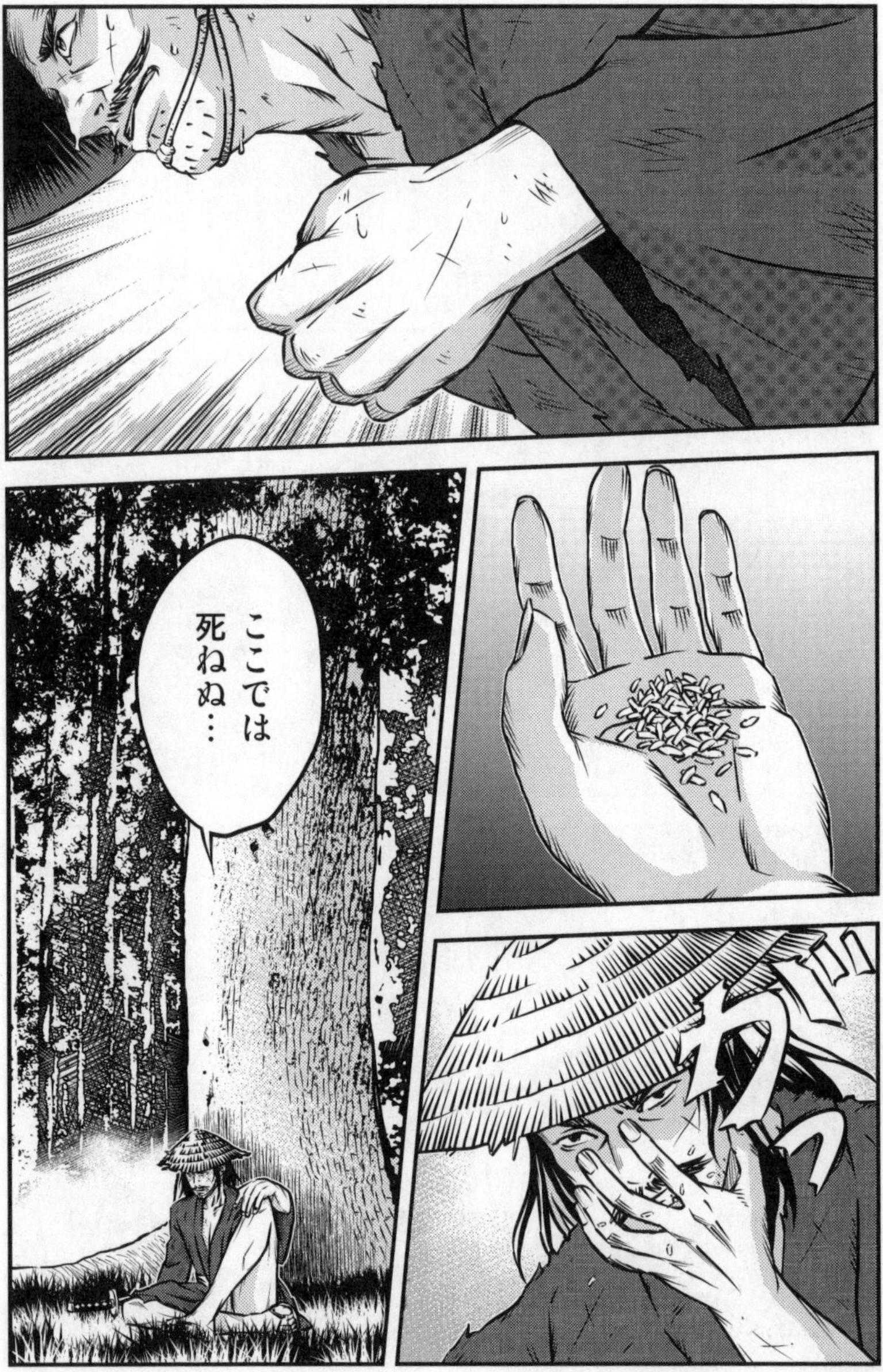
ここでは死ねぬ…

ザッ
ザッ
ザッ

石田様と お見受けいたします 田中吉政殿から お達しがまわって おりまする
田中傳左衛門 家康の使者として 動いた田中清六(正長)の 兄であった
田兵はんの…
ガしゃ
さあ 縄を打たれよ
田兵にならば 捕まってもよい

三成様を捕縛
お連れしました！
吉政殿！

最後の最後まで戦下手やのう
佐吉はん
ふっ

天運尽きて
この有様だ
まずは
風呂に入り
今宵はゆっくりと
お休みになられよ
かたじけない
翌日

昨日　佐吉はんが
食べたいと言うて
おったニラ雑炊じゃ
グツ
グツ
おお
懐かしい匂いや
これは
わしも好物
でな

さあ
食べなはれ
伊吹山逃亡中
火を熾せず
生米ばかり食って
腹痛を起こしていた
三成の胃袋も
ニラ雑炊の匂いに
緊張が緩んだ
温かいニラ雑炊が
こんなにうまいもの
とはな…
お互い下戸同士
しかし酒がなく
とも
ニラ雑炊さえあれば
話は尽きぬ

これぞわしらの戦飯や！
戦況はどうなったのか？
島左近殿は討ち死に
そして大谷殿は…

自害なされた…
太閤様のもと同じ釜の飯を食った私らが対峙し
こうしてまた出会う
佐吉はん私らの本当の夢はなんだったのか…

めし

田兵はん
これを
受け取ってくれ
太閤様から
いただいた
貞宗の脇差や
田兵はん
刀のいらぬ
時代を作ってくれ
お頼み申す

承知いたしした
三成との
三日は過ぎ
家康の命により
井口村から
三成を
大津へ引き連れた

のどが渇いた水をもらえぬか？
あいにく水はなく…柿ならございますが？
遠慮する柿は痰に悪い
ここにきても命を惜しむとは…

大義あるものは最後の最後まで命を惜しむものだ
田兵はんならわかるやろ
あぁ同じ武士やようわかる
佐吉はん琵琶湖が見えてきたで
少し見て行こう
おおそれはよい

湖《うみ》を見ると伊吹山で田兵はんの追っ手と聞いて内心安堵したときのように…
やり切れぬ思いを忘れさせてくれる
お互い敵同士自らの危険が及ぶかもしれぬなか
手厚いもてなし感謝申し上げる

最後
田兵はんに
捕まってよかった
井口村の
ニラ雑炊の味は
決して忘れぬ

もし私らが
刀から尺に変わった
時代に出会っておったら
どうだったのだろうか…
…そうだな
田兵はん…

さらばだ
石田三成
京の六条河原にて
打ち首
享年四二であった
「筑摩江や芦間に灯すかがり火と
ともに消え行く我が身なりけり」
三成　辞世の句

柳川城

※吉政入城時は天守閣は五層ではなかったが、入城後すぐに改修された。

吉政は三成捕縛の功績によって家康から筑後 柳川城を与えられた
町の様子を見てくるので留守を頼むぞ!
殿がみずからそのような…
わしは籠の中の鳥は苦手や

いずれ
刀を使う時代から
尺を使う時代が来る
佐吉はん
わしはここを
活気あふれる
長浜の城下町の
ようにする

【第一章】天下人との出会い

田中吉政の出生

初代筑後国主・田中吉政は、天文一七（一五四八）年、田中重政《しげまさ》と浅井郡国友の地侍・国友與左衛門《くにともよざえもん》の姉の長男として生まれました。出生地は近江国《おうみ》（滋賀県）ですが、詳しくは高島郡田中村（高島郡安曇川町）とする説や、浅井郡三川《みかわ》（東浅井郡虎姫町《とらひめちょう》三川）とする説があります。いずれにしても吉政が琵琶湖周辺で生まれたことは確かなようです。戦国時代は出生がはっきりとしていない者が少なくないことから、吉政の出生について諸説あるのも不思議なことではありません。

また、家系についても諸説ありますが、近江国の守護・佐々木家の本家筋である高島田中家をそのルーツと考えます。吉政は、家紋として「左三《み》つ巴《どもえ》」以外に「一つ目結《めゆい》（釘抜き紋とも）」などを用いました。一つ

家紋「左三つ巴」

目結紋は佐々木家の家紋である四つ目結紋と似ていることから、高島田中家が佐々木家の流れを汲んでいると思われます。近江国を発祥の地とする宇多源氏の流れで、なかでも佐々木家は繁栄して各地に支族を広げたと伝わっています。吉政の祖父・崇弘《たかひろ》のころには、東浅井郡虎姫町の三川に屋敷を構えて田中姓を名乗っていたようですから、田中家は近江国のなかで、土豪として地域を治める立場にあったのでしょう。

吉政が生まれた時代は、下克上の横行によってそれまでの価値観や制度が崩壊し、誰でも自分の力で出世できる混沌とした戦乱の世でした。また、吉政が生まれた近江国は地理的にも京の都に近かったため、チャンスがあれば「我こそが天下を！」という気概を持った武将が大勢いたことも、のちの吉政の人生に大きな影響を与えることになります。

社僧・宮部継潤に仕える

吉政は羽柴秀吉《はしばひでよし》（豊臣秀吉《とよとみひでよし》）に重用されて豊臣政権の中枢メンバーの一人として活躍した人物ですが、最初に仕えたのは近江国の浅井家でした。はじめに浅井家の宮部《みやべ》継潤《けいじゅん》（法名：善祥坊《ぜんしょうぼう》）の家臣となったようですが、その経緯は定かではありません。

おそらく宮部継潤が浅井家のもとで勢力を強めるにつれ、無視できない存在になっていたのでしょう。田中家は領地の安全を確保するため、勢いのあった宮部継潤を頼り家臣になったというのが、当時としてみれば自然な流れと考えられます。

近江国では浅井久政《あざいひさまさ》から当主の座を継いだ嫡男・浅井長政《ながまさ》が、永禄三（一五六〇）年の「野良田《のらだ》の戦い」で六角家を破り、力を強めていました。加えて、急速に勢力を拡大していた織田家と姻戚関係を築くことで、さらにその領国支配を盤石なものにしようとしていました。

永禄一一（一五六八）年九月二七日。上洛を果たした織田信長《おだのぶなが》は、足利義昭《あしかがよしあき》を室町幕府の第一五代将軍に就けることに成功します。そして翌年、足利義昭のために二条《にじょう》城を建て、将軍の御所としました。

義昭が信長の力を借りて上洛を果たす三年前の永禄八（一五六五）年五月一九日、一四代将軍・足利義輝《よしてる》が松永久秀《まつながひさひで》、三好《みよし》三人衆によって暗殺されるという事件が起きました。義輝の弟・義昭は兄を殺した久秀に矢島御所を追われ、越前《えちぜん》国（石川県・福井県北部）の朝倉家を頼り、そこで元服しました。義昭と朝倉家はそれほど密接な関係にありました。義昭は朝倉の支援を得て都に戻りたいと思っていました。そのため義昭は度々、朝倉義景《あさくらよしかげ》に上洛を求めましたが、なかなか動こうとしません。しびれを切らした義昭は、信長を頼りに上洛を果たしました。

こうして信長は、天下人への階段を一気に駆け昇りはじめたのです。将軍の御所を建てた信長は元亀《げんき》元（一五七〇）年、諸将を招き二条城の落成を祝いました。このことは信長の権威を広く世の中に知らしめることになったのですが、その場に朝倉義景の姿がありません。将軍・足利義昭の命令といった名目で上洛を促した信長に、朝倉義景が応じなかったためです。つまり、義景は将軍の命令を無視したことになります。

信長はこの件を口実として朝倉家討伐を開始します。これに頭を痛めたのが浅井長政でした。お市《いち》（信長の妹）を妻に迎えたことにより、浅井家と織田家は親戚関係にありました。ところが、朝倉家とはもっと古くから同盟を結んでいて、遡《さかのぼ》ればその関係は祖父・浅井亮政《すけまさ》の時代に及びます。浅井家の居城である小谷《おだに》城の一郭にある金吾丸は、浅井亮政が朝倉軍のために建てた宿営場と伝わっているほどですから、両家の関係の深さは相当なものだったことでしょう。

この時代、寝返りや裏切りはけっして珍しいことではありません。それどころか、家の主には領地と一族、領民を守るための処世術が求められます。そのような時代にもかかわらず、城内に他家の軍隊のために宿営場を設けるというのは非常に珍しいことで、浅井家と朝倉家はそれほど密なる関係だったといえるでしょう。浅井長政は織田家と朝倉家の板ばさみとなってしまい、悩ましい選択を迫られました。そうして結局、代々同盟関係にある朝倉家を選んだのです。

最初のうち信長は優位に戦いを進めていました。しかし、味方と思っていた浅井軍に背後を奇襲されたことで窮地に立たされます。浅井軍と朝倉軍に挟み撃ちにされては、いかに信長といえども敗北は明らかでした。なんとか京へ逃げ帰った信長ですが、浅井長政の裏切りは、まさに突然の出来事であり寝耳に水。しかしそれは、信長だけに限ったことではありませんでした。この騒動に巻き込まれたのが、宮部、国友、石田など近江国の地侍たち。彼らの多くは、突然のことに戸惑い、情報を集めたり冷静に状況を分析したりする時間的な余裕もなかったことから、それまでの地縁的なつながりにより浅井長政に従い、その後の「姉川《あねがわ》の戦い」に参加せざるを得なかったのだと思われます。もちろん田中家も浅井家の家臣であった宮部継潤のもと、浅井軍として参戦したわけです。

継潤とともに織田家に仕える

先の敗戦で京へと戻った信長は、元亀元(一五七〇)年六月一九日、二万の軍勢を率いて近江国に向け侵攻。緒戦で圧勝したものの、浅井軍が小谷城に立て籠もったことで長期戦の様相を呈します。結局、この戦いに決着が付くまでに三年を要することになります。その背景には、信長と将軍・足利義昭の反目がありました。信長の後ろ盾を得て京に入り、将軍職に就くことができた足利義昭でしたが、次第に信長との仲が悪化していきます。そこで足利義昭は将軍の名において、甲斐《かい》国の武田家をはじめ浅井家、朝倉家らに織田家に対する反抗勢力として協力し合うよう要請しました。石山本願寺の法主・顕如《けんにょ》もまた足利義昭の要請に応じ、友好関係にある土豪勢力や各地の門徒衆を動員してその輪に加わり、いわゆる信長包囲網が形を現したのです。しかし、信長を苦しめたこの包囲網も元亀四(一五七三)年四月に、戦国時代最強といわれた武田信玄《たけだしんげん》が急死したことによってその勢いを失い、信長の力に押しつぶされてゆきます。

そうした状況のもと、流れにのまれるかのように、浅井家と織田家の事態も動いていました。元亀二（一五七一）年一〇月、吉政が仕える宮部継潤が秀吉の調略により織田家に降《くだ》ったのです。これは戦局に大きな影響を及ぼす出来事でした。というのも、宮部継潤のいる宮部城《みやべ》は浅井長政の小谷城と秀吉がいる横山城《よこやま》との間に位置し、両軍を隔てる姉川を越えて小谷城側にありました。しかも、宮部城から小谷城まではわずか三キロメートル程の距離。宮部城を押さえられた浅井長政にとっては、たいへんな心理的負担となったことでしょう。

調略に成功した秀吉は、宮部継潤をより強く味方にひきいれるため、当時三歳であった甥の羽柴秀次《ひでつぐ》（豊臣秀次）を養子に差し出します。端的に言えば人質でした。このような経緯で田中重政・吉政親子もまた織田家の家臣となります。結果として、それは吉政にとって時代を駆け上がる大きな一歩となりました。

元亀三（一五七二）年七月、信長は小谷城の目と鼻の先にある虎御前山《とらごぜんやま》に砦《とりで》を築くとともに、地域の住民を雇って宮部城から虎御前山に至る軍用道路（要害）を敷設します。その規模は高さ三メートル、幅五・四メートル、長さ五・五キロメートルにおよび、道路としての機能だけでなく、路肩に掘割を作って水を張るなど、防塁も兼ねたものであったと思われます。

そしてついに長い戦いの決着がつく時がきました。天正元《てんしょう》（一五七三）年、秀吉が浅井家の重臣である阿閉貞征《あつじさだゆき》の調略に成功。その報せを受けた信長は、直ちに近江国に向かい虎御前山に布陣、朝倉軍の詰め所であった大嶽《おおづく》の砦を落とし、越前国《えちぜん》からの援軍を遮断します。浅井長政からの要請を受けて朝倉義景もみずから出陣しましたが、砦が信長の手に落ちたと知るやいなや踵《きびす》を返して退却してしまいます。織田軍は逃げる朝倉軍を追撃し、敦賀《つるが》城（福井県敦賀市）を陥落させます。朝倉義景は一乗谷《いちじょうだに》へ戻るもさんざんに追われ、落ち延びた先でついに自刃。勢いに乗った信長は、浅井長政を討ち取るべく近江国に戻りますが、この時、小谷城攻撃の先陣を任されたのが秀吉です。秀吉は浅井長政のいる本丸とその父・久政がいる京極《きょうごく》丸を攻め、浅井親子を自刃に追い込みます。この時の秀吉隊には宮部継潤とともに田中親子も加わっていたと考えられます。

秀吉はこの戦いの功績によって、浅井長政が支配していた河北三郡一二万石を拝領し小谷城の主となりました。そして、大名となった秀吉の出世に引っ張られるように宮部継潤は三一〇〇石、吉政も三〇〇石を与えられています。時に秀吉は三六歳、吉政が二六歳でした。

調略により浅井家から寝返った宮部継潤の処遇は、当初、信長が秀吉に与力として付けるという形をとっていたようです。宮部継潤が秀吉の直臣となったのは、秀吉が城持ち大名になったこのころだと考えられます。秀吉は一二万石の大名に出世したため、石高にふさわしい大勢の家臣団が必要になりました。優秀な人材の発掘に力を入れるなか、とりわけ宮部継潤などはみずから調略した人物であるため、高く評価していたことでしょう。当然、宮部継潤のもとで頭角をあらわしていた吉政についても知っていたはずです。このとき秀吉の家臣となったことが、のちの吉政にとって非常に大きな影響を与えることになるわけですが、当時の吉政はそのようなことを知るよしもありません。

秀吉が入った小谷城は、自然の地形を活かした山城として守りに長けていました。しかし、琵琶湖から離れていることなどに不便さもあったようです。秀吉は戦いのことだけでなく、楽市楽座など信長の新しい国づくりを見てきた人物。となれば、城下町がよりいっそう繁栄するような町づくりを視野に入れ、自身に与えられた領地を活気ある国にしようと計画しても不思議ではありません。そこで利便性に優れた場所として、琵琶湖の地形を最大限利用して城下町を繁栄させることができる今浜（現在の長浜、秀吉が改名）の地を選んだのでしょう。

今浜は水路・陸路ともに恵まれていて、まさに商流の拠点とするにふさわしい場所でした。天正二（一五七四）年、秀吉はこの地に長浜城《ながはま》を築くと、小谷城のまわりから寺院や商人を移して城下町をつくりあげ、長浜発展の基礎としました。

【第二章】戦国時代を駆けのぼる

出世の道を歩みはじめる

秀吉の出世にともない、吉政も出世の道を歩みはじめます。天正四（一五七六）年、信長は近江国において安土《あづち》城の築城をはじめるのですが、このとき、秀吉に石垣づくりを命じました。石垣に使う石は観音寺山から切り出して運んでいますが、その石運びの指揮をとる一人に宮部継潤がいました。当然、吉政も宮部継潤のもとで現場の監督として働いたことでしょう。

石垣の施工を任されたのは、穴太衆《あのうしゅう》という石工集団でした。穴太衆はその技術の高さを買われ安土城の石垣施工を行いましたが、このときの実績が評価され、以降は秀吉はじめ多くの戦国大名から石垣づくりの要請を受けることとなります。安土城の石垣づくりに携わっていた吉政も、のちに自分の城を持った時には穴太衆を呼び寄せ石垣をつくらせています。

「土木の神様」と称される吉政の城づくり、国づくりの考え方や知識の基礎は、さきの小谷城攻略の際に信長が築いた軍用道路や今回の安土城の築城現場に携わることで積み上げられたものだと思われます。同時に、それら専門的な知識を余すことなく吸収した吉政の凄さも窺えます。

中国攻め　鳥取城を攻略

天正四（一五七六）年、安土城の工事を進める最中、摂津《せっつ》の石山本願寺（現在の大阪府大阪市）を中心とした一揆が起きました。信長は石山本願寺を包囲し兵糧攻めを行いますが、それを阻止しようとしたのが中国地方や九州に勢力を拡大していた毛利《もうり》輝元《てるもと》でした。信長の力が強大になったことを快く思わない輝元は、石山本願寺に兵糧や弾薬を運ぶなどの支援をはじめます。天正四（一五七六）年、石山本願寺近くの海上を守っていた織田水軍は、毛利・村上水軍と対峙。武器や食料など物資を運ぶのには船が適しているため、水上の覇権を握ることは戦いの行方を大きく左右することでした。このいわゆる「第一次木津川口の戦い《だいいちじきづがわぐちのたたかい》」で織田水軍は敗れ、毛利軍に石山本願寺への補給を許してしまうことになります。

毛利が信長包囲網に加わったことで、信長は石山本願寺だけでなく毛利とも戦う必要に迫られました。このころの吉政はというと、秀吉の甥にあたる秀次（当時九歳）の傳役《もりやく》を務めていたため毛利との戦には加わっていません。

天正五（一五七七）年一〇月、毛利家を攻めるために秀吉は播磨《はりま》国（現在の兵庫県）の姫路《ひめじ》城に入ります。このとき秀吉に城を提供したのが、のちに軍師として活躍する黒田孝高《くろだよしたか》（通称：官兵衛《かんべえ》、出家後は如水《じょすい》）でした。秀吉はこの姫路城を本拠地とし、三層の天守閣を築造するなど本格的な城づくりを進めながら城下町の整備にも力を入れ、商工業の発展を図りました。

さて、信長に中国攻めを任されている秀吉はというと、毛利家に苦戦を強いられ長期戦を余儀なくされていました。尼子家再興を狙い、上月城《こうづきじょう》を守っていた名将・尼子《あまご》勝久《かつひさ》も、猛将として知られる山中鹿《やまなかしか》之助《のすけ》らの奮闘むなしく開城・降伏するなど厳しい状況となっていました。しかしながら、信長包囲網が崩れるにつれ毛利家の勢力も大幅に縮小していきます。秀吉は三木《みき》城を落とすと天正九（一五八一）年、今度は三万の軍勢を率いて鳥取《とっとり》城へと侵攻、これを攻略します。

その鳥取城に城代として入ったのは、吉政が臣従している宮部継潤でした。当時、継潤は山陰方面に展開していた秀吉の弟・羽柴秀長《ひでなが》が率いる軍の参謀役を務めていました。鳥取城では食糧などの物資を雁金山《かりがねやま》経由で運びこんでいたため、秀吉がその雁金山の砦を落とすよう命じ、それをうけて宮部継潤は雁金山を襲撃。吉政も続いて雁金山の砦を占拠するなどの功績を挙げました。

こうした働きが評価され、宮部継潤は五万石の領地と鳥取城を与えられ、参戦していた吉政も一五〇〇石を与えられました。吉政は宮部継潤とともに主君である信長、そして秀吉、この二人の武将の下でさらなる頭角を現していくのです。

秀吉の直臣となる

一方、秀吉の甥・秀次は吉政とともに宮部継潤のもとにいました。当初、人質として預けられ、そのまま養子となりました。次いで三好家の養子となり、成人してからは秀吉のもとに戻っています。秀次は中国攻めにも加わっており、すでに立派な若者に成長してはいましたが、鳥取城主となった宮部継潤のところへ吉政と一緒にとどまっていたようです。

そんなおり、秀吉が秀次を送り返すよう宮部継潤に命じます。さらに「田中吉政か友田左近右衛門《ともださこんえもん》のどちらかを秀次に付けよ」とも要求してきました。この二人といえば、宮部継潤の家臣団において才覚、勇猛ぶりは並び劣らぬと評されるほどの逸材でした。おそらく秀吉もそれを知っていたのでしょう。できるならば秀次の傅役として、自分のもとに置きたいと画策したとしても不思議ではありません。

秀吉の要求とはいえ、宮部継潤も悩んだことと思われます。吉政はめきめきと頭角を現しており、将来的にも大いに活躍が期待できます。一方で、左近右衛門は初期のころからの忠臣。宮部継潤が鉄砲で撃たれて負傷した際にはその体を担いで戦場から救い出すなどの功績もあって、もっとも頼りになる家臣でした。

思案の末、秀次に付けられるのは吉政となりました。どちらか一人という言い方をしてはいますが、秀吉は宮部継潤が左近右衛門を手放すわけがないと踏んでいたはずです。そう考えると、最初から吉政を自分のもとに引っぱろうと目論んでいたのではないかと思えてなりません。そういった経緯から吉政は秀吉の家臣となり、そのまま秀次の付家老となりました。田中吉政という武将が華々しく表舞台に登場するのは、まさにここからです。

中国大返しと天王山の戦い　信長後継者問題

鳥取城を攻略した秀吉は、弟・秀長や宮部継潤らに山陰地方への侵攻を命じ、自身は備中高松城《びっちゅうたかまつ》を攻めました。水攻めにより高松城が落ちるのは時間の問題。そう思った矢先に事態は急変します。天正一〇（一五八二）年六月二日、主君・信長が明智《あけち》光秀《みつひで》の謀反によって自害に追い込まれました。いわゆる本能寺の変が勃発したのです。

信長の死を知った秀吉は、すぐさま毛利家との和睦を結び京へ戻るという有名な「中国大返し」を開始します。その途中、周辺の織田系武将に「この戦いは信長様の敵討ちであるから戦いに加わってほしい」と要請。信長の敵討ちという秀吉が掲げた大義に多くの武将が加わり、備中《びっちゅう》国を出たころは二万ほどだった軍勢が、明智光秀との決戦時には二万七〇〇〇（一説には四万とも）にまで膨《ふく》れ上がったといいます。二万を超える軍が二〇〇キロメートルを十日足らずで走り抜きました。

秀吉は、信長の息子・神戸信孝《かんべのぶたか》とともに二万七〇〇〇の兵を擁します。一方、これに対する明智光秀の兵は加勢の武将もなく一万八〇〇〇。秀吉軍が明智軍を数においてかなり上まわっており、加えて、洞ヶ峠《ほらがとうげ》で日和見をしていた筒井順慶《つついじゅんけい》が秀吉側に味方して光秀軍に攻め込んだため、天下分け目の戦はわずか一日で秀吉に軍配が上がることとなりました。この「山崎《やまざき》の戦い（天王山《てんのうざん》の戦い）」には、吉政も秀吉の直参として加藤清正《かとうきよまさ》や福島正則《ふくしままさのり》、山内一豊《やまうちかづとよ》らと共に秀吉軍の本隊に属して戦ったようです。

しばらくして、天正一〇（一五八二）年六月二七日、尾張国《おわりのくに》の清洲城《きよすじょう》（愛知県清須市）にて戦後処理のための会議「清洲会議」が開かれました。そこで信長の後継者問題について話し合われ、三男・神戸信孝を担ぐ柴田勝家《しばたかついえ》と、嫡男・織田信忠《のぶただ》の子である三法師《さんぽうし》（織田秀信《ひでのぶ》）を担ぐ秀吉との間で対立が生じました。結果、三法師を後継者に据えると決まったことで秀吉が後継者としての座を勝ち取った形となり、実権を握ることに成功。しかし、これにより秀吉と勝家との対立が火種として残ってしまい、近江国伊香郡《いかぐん》（現在の滋賀県長浜市）の賤ヶ岳《しずがたけ》で両者は激突することになります。

天正一一（一五八三）年二月、秀吉が伊勢国《いせのくに》（三重県）の亀山城《かめやまじょう》を落とすと、秀吉が伊勢国にいると知った柴田勝家の甥・佐久間盛政《さくまもりまさ》が近江国に出陣。この知らせを聞いた秀吉は急きょ近江国に引き返し、賤ヶ岳近くに陣を敷きました。このとき吉政は秀次の率いる六番隊に属していました。

両軍ともに激しく戦う中、柴田勝家に味方していた前田利家《まえだとしいえ》が戦線を離れます。柴田軍はこれによって不利な状況となり、同年四月二四日に柴田勝家が自刃。次いで神戸信孝も自刃します。こうして秀吉は最大の敵対勢力を排除し、信長の後継者としての地位をほぼ確実なものとしました。

同年九月、秀吉は摂津《せっつ》国の池田恒興《いけだつねおき》を美濃《みの》国に移し、摂津国・大坂を天下の中心に位置づけるべく、石山本願寺の跡地に大坂城《おおさか》を築きます。この本拠地を守るために大和《やまと》国（奈良県）に筒井順慶、和泉《いずみ》国（大阪府）に中村一氏《なかむらかずうじ》、摂津国に秀次を配置しました。吉政もこのとき、秀次に付いて摂津国へ赴任する運びとなったわけです。

家康との対決

後継者の座をほぼ手中に収めた秀吉ではありましたが、それに不満を抱いていたのが信長の二男・織田信雄《のぶかつ》でした。関係が悪化したのをみて重臣を抱き込もうとする秀吉に対し、織田信雄はそれら家臣を処刑したうえで家康と同盟を結ぶなど、秀吉に対抗する構えをみせました。

天正一二（一五八四）年三月、織田信雄が徳川家康《とくがわいえやす》とともに挙兵。秀吉軍と家康軍はたがいに激闘を繰り広げます。秀吉は「桧ケ根《ひのきがね》の戦い」で勝利するものの「羽黒《はぐろ》の戦い（八幡林《はちまんばやし》の戦い）」や「岩崎城《いわさきじょう》の戦い」、「仏ケ根《ほとけね》の戦い（長久手《ながくて》の戦い）」では戦上手の家康に敗北。吉政も秀次の隊にあって戦いましたが、「白山林《はくさんばやし》の戦い」で家康軍に敗れています。

戦いが家康有利で進む中、織田信雄は本領安堵を条件に秀吉との講和を結んでしまいます。支援されて戦い始めたにも関わらず勝手に和睦したのですから、家康の心中たるや穏やかではなかったことでしょう。そうして家康は戦意喪失し兵を引き上げました。それをきっかけに、秀吉が家康に対しても講和を持ちかけ、この戦いに終止符を打ちます。

のちに秀吉は家康を懐柔するため実妹の朝日姫《あさひひめ》を正室として差し出したのですが、家康は秀吉に対して一向に臣従を示そうとしません。しびれを切らした秀吉は、母である大政所《おおまんどころ》をも朝日姫の見舞いと称して三河国《みかわ》（愛知県）の岡崎城に送りました。このときの警備を吉政が担当していたようですが、道中何事もなく大政所を家康のもとへ送り届けています。

母親までも人質に差し出されては、さすがに無視するわけにはいかなかったのでしょう。この結果、家康は上洛して秀吉に対し臣下の礼を示すこととなりました。

紀州根来衆の制圧

天正一三（一五八五）年三月、秀吉みずからが総大将となり、一〇万もの大軍を率いて紀伊国（和歌山県）に侵攻しました。紀州根来衆《ねごろしゅう》の征伐のためです。

このとき秀次は副将を務めており、もちろん吉政も秀次隊に加わっています。戦いは防衛線の東端にあたる千石堀城《せんごくぼり》で始まり、攻める秀次隊は、圧倒的な数で城の側面から突撃を試みます。吉政らは弓や鉄砲の反撃にあいますが、多数の死者を出しながらも馬で城内へ侵攻。そうして戦っているところに、澤城《さわ》の守将・佐藤隠岐守《さとうおきのかみ》らも加わりますが、その隙に澤城が根来衆の手勢に落とされてしまいます。

吉政は隠岐守とともに澤城を取り戻そうと戦いますが、敵に取り囲まれ窮地に立たされます。吉政にとって絶対的に不利な状況。あわや討ち死にといった事態でもありましたが、奮闘の末どうにか生き延びることができました。

さて、苦戦しながらも秀吉軍は根来衆を追い詰めていきました。いよいよ根来衆最後の砦となった太田城を包囲すると、秀吉は得意の水攻めを行います。秀吉は城の周りに長さ七キロメートルあまりの堤防を築き、そこへ川の水を流し込んで城を湖の中に孤立させたのです。そこへ大船を浮かべて攻撃されては、籠城により徹底抗戦の構えをとっていた根来衆も降伏するほかありませんでした。

ここでも吉政の勇猛さを伝える話がありました。吉政が隠岐守らと一緒に戦っていると、根来衆の僧兵が槍を手に隠岐守の船へ近づき、兵士たちを倒していく姿が目に入りました。吉政はそこへ加勢に向かいます。すると逆にその僧兵が吉政の船に飛び移ってきたので、吉政はこれをねじ伏せ、みごと生け捕りにしてみせたそうです。

天下人関白の戦い

天正一三（一五八五）年、秀吉は四九歳にして関白に任じられます。また、宮中から豊臣姓を賜り、豊臣秀吉と名乗りを改めました。

紀州平定に成功した秀吉が次に狙いを付けたのは、長宗我部《ちょうそかべ》家が覇をとなえていた四国です。この四国平定に際しても秀吉はみずから出陣する予定でした。しかし、病気を患ってしまったため、弟・秀長を総大将、甥・秀次を副将に任じました。六月一六日、羽柴秀長は三万の兵を率いて淡路島に上陸。吉政も秀次の三万の兵とともに明石海峡を渡り、淡路島で本体に合流しています。あわせて六万の軍となりました。

これを迎え撃つ長宗我部軍は四万。数でこそ劣っていましたが、長宗我部元親《もとちか》からしてみれば地の利にあかるい自軍が負けることなど考えてもいなかったことでしょう。ところが、秀吉はさらに宇喜多秀家《うきたひでいえ》ら二万の兵を讃岐《さぬき》国に、毛利輝元ら四万を伊予《いよ》国に上陸させ、総勢一二万もの圧倒的な軍勢で長宗我部軍を攻めたてます。

こうなってはいかに武勇を誇った長宗我部軍でも勝ち目はありません。長宗我部元親は降伏し、土佐《とさ》一国を安堵されました。秀吉は圧倒的な力をもって四国の統一を成し遂げたのです。

【第三章】秀次の筆頭家老

秀次の家老となる

天正一三（一五八五）年、閏《うるう》八月二三日。秀吉は四国平定の功績を上げた者たちに恩賞を与えました。ここで秀次は近江国蒲生郡（滋賀県近江八幡市）の近江八幡《おうみはちまん》四三万石を与えられるのですが、そのうち二三万石は家老たちの領地とされました。三万石を与えられた吉政はこのとき三八歳でしたから、おそらくまだ一八歳と若い秀次を補佐させるためでしょう、家老のリーダー格である筆頭家老を命じられています。

吉政のほか、左記の者が秀次の家老に命じられました。

・中村一氏　六万石　近江水口《みずぐち》城主
・堀尾吉晴《ほりおよしはる》　四万石　近江佐和山《さわやま》城主
・山内一豊　二万石　近江長浜《ながはま》城主
・一柳直末《ひとつやなぎなおすえ》　二万五〇〇〇石　美濃大垣《おおがき》城主

吉政をはじめ家老となった者たちは、もともと秀次の直臣（直接の家臣）ではありません。これは秀次を補佐する目的で、秀吉が自分の家臣を付けたかたちでした。つまり、秀次が直臣の中から選んだというわけではなかったのです。

これらの家老たちは各々が城主となりましたが、吉政だけは筆頭家老という立場にありながらも城を持たず、近江八幡城において城主・秀次を補佐しました。その理由は秀吉から与えられた役割の違いを見ることで察せられるでしょう。吉政以外の家老たちが与えられた城は、近江八幡城の周りを固めるように配置されていました。これは近江八幡城と秀次を守る軍事的な役割を担っていることを意味するようです。いっぽう吉政は、秀次に代わり近江八幡城で公的な役割を担っていました。というのも、秀次は実際に近江八幡城にいることは少なく、京に滞在することの方が多かったためです。それゆえ領内の政務に関しては吉政が行うのが常となっていました。

なかなか子を授からず、後継ぎに恵まれなかった秀吉は、甥の秀次を跡継ぎとみなし、自分の近くで帝王学を学ばせようとしたのではないでしょうか。関白・秀吉の跡を継ぐ者ともなると、自国のことだけではなく、日本全体をどう動かすかを思い描かねばなりません。また、朝廷や公家たちとの付き合いも必要となってくるでしょう。秀次が近江八幡城を留守にすることが多かったのは、そのためだと考えられます。

秀次は関白の職を秀吉から引き継ぐための準備期間にありました。自然、京への滞在が増えるため、近江八幡城のほうを留守にしがちです。その留守中、領内の実務は吉政に任せるというような体制を敷いたのですから、秀吉が吉政をどれほど信頼していたかがわかります。

吉政は、近江八幡城において秀次に代わって政務を行い、領内に通達や裁定などに関する文書を発給しています。他の家老たちが発給した文書はほとんど残っていません。このことからも、吉政が秀次領の統治に関して権限を持っていたことがわかります。そうした文書を発給するおり、いちいち秀次に伺いを立てて判断を仰ぐということもなかったようです。

しかし、いかに筆頭家老といえども、城主に相談もせず、みずからの判断で裁定を下すというのは一般的な主従関係ではあり得ません。したがって吉政が持つ権限は、秀次からではなく秀吉から直接与えられたものと考えて差し支えないでしょう。

近江八幡城築城と城下町づくり

天正一三(一五八五)年、秀吉は近江国(滋賀県近江八幡市)の国主・秀次に対し、安土城に代わるものとして近江八幡城の築城を命じました。城を険しい近江八幡山の山上に建て、山麓に運河を通し、そのまわりに城下町をつくるというのが秀吉の構想でした。しかし当時の近江八幡には、城下町になるような規模の町はありません。まったく何も無いところに城と城下町を一からつくり上げようという、じつに壮大なものでした。秀吉は秀次に宛てた手紙において「知行を与えている者に工事をさせ油断なきよう関係者に申しつけよ」と伝えています。近江八幡城とその城下町づくりには、秀次ではなく秀吉の強い意志が働いていたと思われます。そのため近江八幡城の建設用地なども秀吉がみずから選ぶという力の入れようでした。

実際に城の築城と城下町づくりに関与したのは、この工事の監督を務めた吉政です。おそらくこれも秀吉の指示でしょう。吉政はかつて、浅井家との戦いで信長が命じた堤防（軍用道路）づくりや、安土城を築城する際の石垣づくりを現場で指揮した実績を持っています。それに加え、今回は近江八幡城の築城と城下町づくりを通じて秀吉が目指した国づくりそのものを学びました。吉政にとってこれらの知識と経験は、あとあと三河国や筑後国で国づくりをするにあたり大いに役立つものとなったことでしょう。

話は戻って、近江八幡山の山頂に築かれた近江八幡城は、琵琶湖周辺のどこからでもその姿を見ることができたといいます。後継者となった秀次が天下に号令する拠点にと、秀吉はこの城を位置付けようとしたのかもしれません。近江八幡城には、その権威の象徴として、経済的にも軍事的にも力を持たせたかったことでしょう。

近江八幡城では城の周囲に堀をめぐらせて琵琶湖の水を引き込みました。この堀は築城のおりに安土城の石垣や木材を運び設営されたと考えられています。城下町づくりは、安土の町民をこちらへ移住させることで成し遂げました。ちなみに、近江八幡の城下町には水道・下水道が整備されていたといいますから、当時の技術レベルの高さに驚かされます。

さて、秀吉が秀次を近江八幡に任じたとき、四人の家老をそのまわりに配したことは先に述べたとおりですが、吉政以外の面々についても少し触れておきます。山内一豊は北国街道の長浜城、堀尾吉晴は東山道口の佐和山城、中村一氏は伊勢から京に続く東海道沿いの水口城に、一柳直末は中仙道に近い美濃大垣城に配置されており、これら四つの城を結ぶ要の位置に近江八幡城があります。したがって、それぞれの城が近江八幡城を守るための防衛戦略上の拠点でもあったわけです。

秀次が近江八幡城主だったのは、一八歳（天正一三年）から二三歳（天正一八年）までの五年間。その間、吉政が領国の政務を代わりに取り仕切っていました。四〇〇年あまりを経た今日でも吉政は「土木の神様」と称えられます。その基礎は、秀吉に仕えたことで培われたといっても過言ではありません。

九州平定と朝鮮出兵――吉政は国内で京を守る

四国平定を成し遂げた秀吉は天正一五（一五八七）年、いよいよ九州に向かって軍を進めていきます。九州平定に吉政は加わっていません。吉政は秀次らと関白不在となった京や大坂を守っていました。ちなみに天正一六（一五八八）年三月一七日、吉政は四一歳にして従五位下に叙せられ、兵部大輔《ひょうぶたいふ》に任じられています。

さて当時、薩摩《さつま》国（鹿児島県）の島津義久《しまづよしひさ》が勢力を拡大し、九州全体を手中に収める勢いを見せていました。これに脅威を感じた豊後《ぶんご》国（大分県）を支配する大友宗麟《おおともそうりん》は秀吉に助けを求めます。秀吉は関白として島津家に書状を送り大友家と停戦するよう命じます。そして、九州の分割統治案を示し調停しようとしますが、この案を島津家が拒否して大友家を攻撃しました。

秀吉は関白の命令に従わなかったという理由で島津家の討伐を決め、天正一五（一五八七）年三月一日、八万六七〇〇もの大軍を率いて九州へ向かいます。家康が秀吉に臣従したことで東国の脅威は取り払われました。そのため、秀吉みずからが出陣し九州の平定に力を注ぐことができたのでしょう。

参軍したのは、宇喜多秀家や加藤清正など西国の大名が中心だったことから、吉政は加わっていません。吉政は、秀吉が九州へ向かったため手薄となる京や大坂周辺など畿内を秀次とともに警護していました。

秀吉軍は島津家と通じていた筑前《ちくぜん》国の秋月種実《あきづきたねざね》の支城・岩石《がんじゃく》城をたった一日で

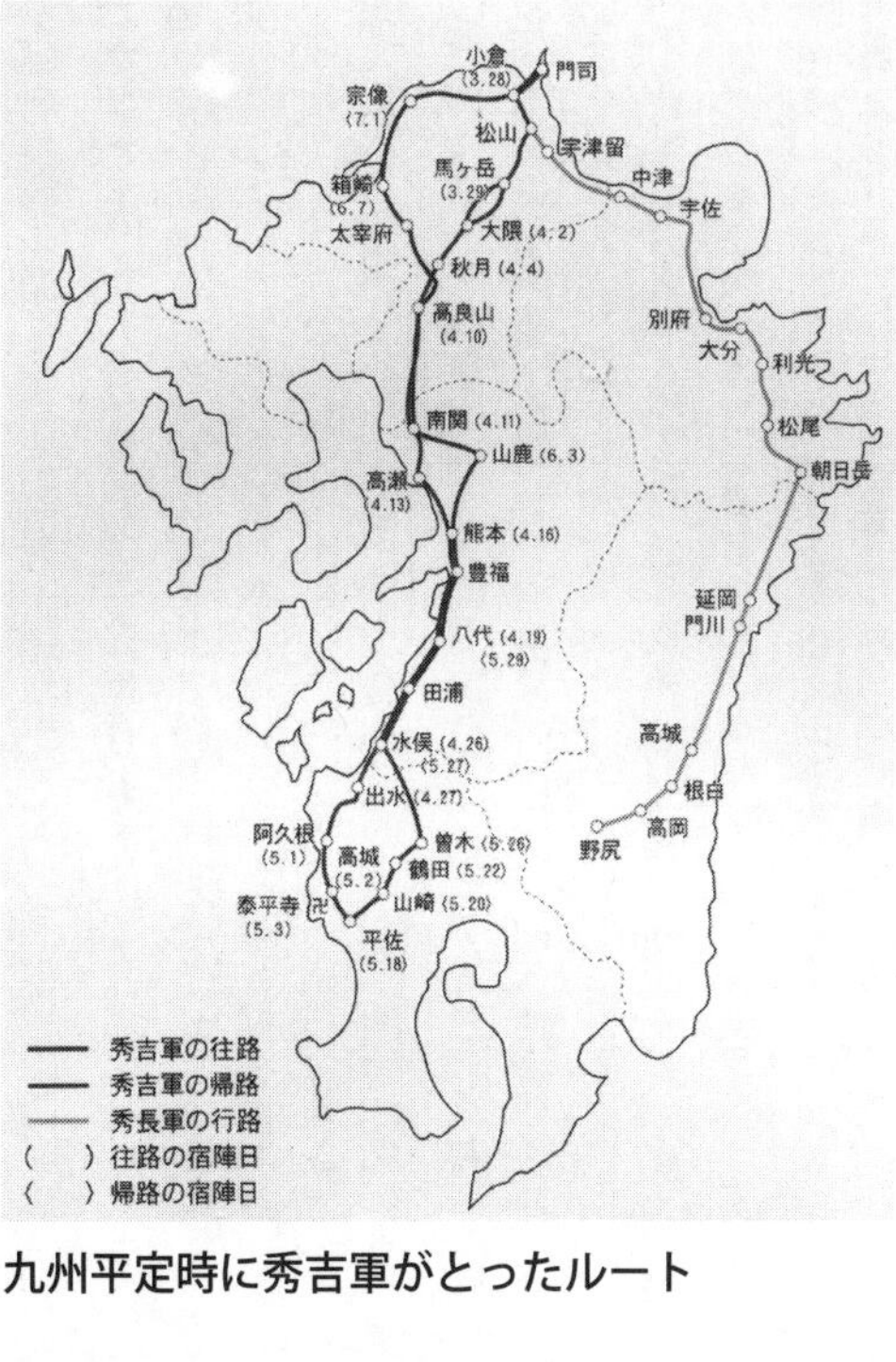

九州平定時に秀吉軍がとったルート

落とし、そのまま進軍、薩摩国・泰平寺《たいへいじ》（鹿児島県薩摩川内市）に本陣を構えました。すると五月八日には、島津義久が頭を丸めて秀吉に謝罪し降伏したのです。

島津家を屈服させた秀吉は、知行地を大名や家臣に分け与え、配置などを行うため国割りに取り掛かります。九州平定後の国割りにおいて秀吉は、古い伝統を持つ大友家や龍造寺《りゅうぞうじ》家、島津家など戦国大名の旧領をそのまま与えながら、黒田家、毛利家など豊臣系の大名を新たに配置しました。このとき、秀吉の参謀役である黒田孝高（官兵衛）は豊前《ぶぜん》国中津に一八万石、毛利勝信《もうりかつのぶ》は豊前国小倉に六万石、小早川隆景《こばやかわたかかげ》は筑前国名島に三〇万石余、毛利秀包《ひでかね》は筑後《ちくご》国久留米に七万五〇〇〇石、立花宗茂《たちばなむねしげ》は筑後国柳川に一三万二二〇〇石を拝領しています。

九州を平定した秀吉が次の戦略として描いていたのは朝鮮半島への出兵でした。島津家との戦を終え博多へと戻る道すがら、秀吉からねね（正室）などに書状が送られていたようですが、なかには吉政宛てのものもあります。内容は、島津家の降伏と九州平定後の国割りといったことに加え、大陸への出兵にも触れたものでした。朝鮮王国に出仕を要請し、それに従わない場合は兵を差し向けるといった意向を示していたようです。

朝鮮出兵の準備にあたり、秀吉は一〇万石につき二艘の大船を建造することを大名らに命じました。これを受けて吉政も大船の建造に着手します。吉政は九州平定後もかわらず近江八幡城で秀次領の政務を任されていました。

文禄《ぶんろく》元（一五九二）年、秀吉は一五万の大軍を朝鮮に派遣します。朝鮮に出兵したのは、加藤清正ら西国の武将たちでした。九州平定と同じく、このときも秀次と吉政は出兵に参じてはいませんが、何か特別な理由があったからというわけではありませんか。この時代の慣わしで、戦場への出兵を命じられるのは戦地に近い大名たちだったからです。秀次は留守居として京にとどまって、いざとなれば唐入りできる態勢を整えておくようにと命じられていました。吉政もこの予備軍となった秀次隊に一五〇〇人を率いて加わっています。

家康領を引き継ぎ、岡崎城の主となる

九州を平定した秀吉は天正一八（一五九〇）年、関東で大きな勢力を有していた北条家を攻めます。秀吉は北条氏政《ほうじょううじまさ》に対して上洛するよう再三の要請をしていました。しかし、北条氏政はそれに応じようとしません。ちょうどそのころ、北条家と真田《さなだ》家

の間に城をめぐっての衝突がおこります。秀吉はその件をあげつらい、惣無事令（大名間の争いを禁じる命令）に違反したとして北条家の討伐令を諸大名に通達しました。秀吉は二〇万以上の大軍で六万の北条軍を圧倒し、関東を平定。これがいわゆる秀吉の「天下統一」の総仕上げとなった小田原征伐です。

このあと秀吉は大名家の大幅な配置換えを行いました。北条家の領地であった武蔵《むさし》国（東京都、埼玉県、神奈川県の一部）・相模《さがみ》国（神奈川県）・伊豆《いず》国（静岡県伊豆半島）・上野《こうずけ》国（群馬県）・上総《かずさ》国（千葉県の中部）・下総《しもうさ》国（千葉県北部、茨城県南西部、埼玉県東辺、東京都東辺）の六ヵ国は家康に与えられることとなりました。表向きは家康の領地が一三二万石から二五〇万石へと大幅に加増されたわけですが、じっさいは京からはるか遠方に追いやられ、家康がその力を封じ込められたかたちでしょう。

家康が関東方面へ移封されたことによって、それまで家康が治めていた領地には信長の二男・織田信雄《いと》を移すこととなりました。ところが、信長ゆかりの地である尾張国を離れることを厭った織田信雄はこれを拒否します。秀吉は怒り、織田信雄を下野国那須（栃木県）へ追放し、その身柄を佐竹義宣《さたけよしのぶ》に預けてしまいます。

このため家康の旧領は、秀吉の直臣に分け与えられることとなりました。吉政が三河国（愛知県東部）の岡崎五万七〇〇〇石、秀次が尾張国（愛知県）に入ります。

そうして吉政は岡崎城主つまり城持ち大名となりました。しかし秀次が奥州にいたことから、本来であれば秀次が政務を司る尾張国清洲城に入り、領内の差配を行っていたと思われます。これもおそらく秀吉の指示でしょう。岡崎城主となりはしましたが、すぐに城に入ることはできませんでした。といっても城主不在とするわけにはいきません。それを補うために、吉政は重臣の宮川吉久《みやがわよしひさ》らに在番を命じています。

筆頭家老として秀次を支えてきた吉政は、この配置換えにおいても近江八幡城にいたころを踏襲して、実質的な政務を行うために清洲城に入りました。といっても、吉政と秀次の関係は当初に比べると変化していったように見てとれます。近江八幡では秀次に代わり吉政が国の差配を行っていました。しかし、尾張では、初めのうちこそ吉政が領内の各層に対して知行の安堵状を発給するなどしていますが、そのあとは政務に直接関わっていたという記録は乏しくなっていきます。

代わって尾張国内を取り仕切ったのは、秀次の実父である三次吉房《みよしよしふさ》と考えられています。吉政は秀次がまだ幼いころから傅役として、また、城を持つようになってからは筆頭家老として補佐してきました。しかし、秀次もすでに元服し、いまや二三歳の立派な大名です。自分の意思で国を運営したいと考えても不思議ではありません。それなのに秀吉の影がちらつく吉政がいては、実際のところやりづらいと感じていたかもしれません。そうして秀次は吉政の存在をしだいに疎ましく思うようになっていったのではないでしょうか。

そのような状況のもと秀吉が朝鮮出兵を企てます。これまでの出兵とちがって異国への派兵となるだけに、秀吉もこの出兵に集中したいと考えたのでしょう。天正一九（一五九一）年一一月、秀次を養子に迎え、翌一二月には関白の職を譲りました。関白・豊臣秀次がここに誕生したのです。

家督を譲った秀吉は聚楽第《じゅらくてい》を秀次の政務の場と位置づけ、自分は大坂城から朝鮮出兵を指揮しようと考えました。そのさい、秀次の治める尾張国にその弟・於次秀勝《おつぎひでかつ》を移し、於次秀勝の治める岐阜の地は吉政に与えようと構想していたようです。

この計画は秀次が尾張国の北伊勢に領地を有したまま関白に就いたため実現はしませんでした。しかし、秀次が秀吉からその力を受け継ぎ、京にあって国を動かすだろう次期豊臣政権において吉政が岐阜を治めるということは、政権内における吉政の地位を如実に表すものと見ることができるでしょう。吉政の岐阜移封は実現こそしませんでしたが、天正二〇（一五九二）年、秀吉は吉政に三〇〇〇石の加増を行っています。

秀頼の誕生と追い詰められる秀次

嫡男・鶴松が夭逝《ようせい》したことで、秀吉は後継者として関白の職を秀次に譲り、いったんは退きました。ところが文禄二（一五九三）年八月三日、拾丸《ひろいまる》（豊臣秀頼《ひでより》）が生まれました。秀吉に子供が生まれたことはめでたいのですが、秀次にとっては素直に喜べるものではなかったにちがいありません。なぜなら、秀頼の誕生は秀吉と秀次の間に亀裂を生む可能性をはらんでいるからです。同年九月、吉政はじめ織田信雄、石田三成らは秀吉に招かれ京に滞在しますが、そこに関白・豊臣秀次の姿は見られませんでした。

秀次は二ヵ月という長期におよんで熱海へ湯治に出かけていました。湯治から京に戻ってくると、それを避けるように秀吉が尾張国に鷹狩りに出かけてしまいます。秀吉はさらに三河国に足を延ばし秀次の治める地を見て廻り、領内が荒廃していると指摘。奉行を派遣して荒廃状況などを報告させるといった干渉をしはじめました。秀吉はその検分報告を受け、秀次に対し領内の堤防工事を命じます。堤防は尾張国と三河国の広範囲にわたる大規模なものでしたが、その工事を担当したのが吉政でした。堤防工事と併せて伏見城《ふしみ》（京都府）の普請にも吉政は関わっていたようで、文禄三（一五九四）年正月からはじまったこれらの工事は四月下旬まで続きました。これは秀吉と秀次の間に微妙な距離ができ始めたころだと思われます。

一旦は関白の職を譲り、自分の後継者として秀次に政権を託そうとした秀吉ですが、秀頼が生まれたことで心が揺らいだのかもしれません。秀吉はすでに五七歳という高齢。自分の死後、秀頼の立場がどうなってしまうのかという心配はあったはずです。信長に仕え、その死後は自分自身が織田家を支配することになった経緯などを振り返ってみると、やはり自分が居なくなったあとの実子・秀頼の将来が案じられたのでしょう。幼い子を持つ親としては「ゆくゆくは（関白の座を）秀頼に譲る」という秀次の約束が欲しいと考えるのは当然のことで、秀次の娘を豊臣秀頼と婚姻させるようもちかけたのもそんな不安からだと思われます。

秀次の後見人だった前野将右衛門《まえのしょうえもん》や、世話役だった吉政らも「今は秀次様が関白として世の中を治めればよろしい。ただし、秀頼様が成人されたら関白職を譲ると太閤様に約束すべき」と諫言しています。なかでも、吉政は秀次にそのことを繰り返し説いていたようです。このような吉政の諫言を疎ましく思い始めたのか、秀次はしだいに吉政と距離を置くようになりました。清洲城での政務を三次吉房が取り仕切るようになったのも、それが原因のひとつであるとも考えられます。こうして秀次はおのずから孤立していったのです。

秀次が秀吉の提案を簡単に受け入れようとしなかった理由の一つに、側近たちの存在がありました。関白に就いたあとで側近となった者たちには「関白職を譲っておきながら子供が生まれた途端それを覆そうとしている」と秀吉に対する不満を抱く者もいたようです。したがって吉政など秀吉側の世話役たちと側近たちの間で板挟みとなり、秀吉からの要請に対してみずからの決断ができずにいたのではないでしょうか。そうしていたずらに時間が過ぎれば過ぎるほど秀吉は疑いを持ち始め、その疑いはやがて不信感となり、ついには秀次に対する攻撃へと変わっていったのです。

文禄四（一五九五）年七月三日、秀次は秀吉から謀反ありとの疑いをかけられ、高野山へ行くよう促されます。秀次は釈明のため伏見城にいる秀吉を訪ねましたが、結局対面はかなわず、そのまま高野山に入り出家させられました。

七月一五日に秀吉から異例の切腹命令が下り、秀次をはじめ疑いをかけられた関係者がことごとく処分されてしまいます。このとき秀次の筆頭家老であった吉政も責めを負う立場にあると思われましたが、ひるがえって、吉政はじめ家老たちは秀吉から加増されます。これにはやはり、秀吉が家老たちに求めたもののなかに秀次の監視という役割があったとみることができるでしょう。

空白となった秀次の治めていた領地は、大名や寺社に対して給付されました。吉政は二万八〇〇〇石を加増され、さらに文禄五（一五九六）年に追加で一万四〇〇〇石あまりを加増されました。こうして吉政は一〇万石の大名となったのです。

【第四章】吉政の国づくり

岡崎城郭の拡張と城下町造成

岡崎《おかざき》城の城主として一〇万石の大名となった吉政は、石高に見合う家臣団の充実を図りました。宮川佐渡守《みやがわさどのかみ》、石崎若狭守《いしざきわかさのかみ》、磯野伯耆守《いそのほうきのかみ》は吉政が筑後国に入部した当初、三奉行として吉政を支えた重臣たちですが、なかでも宮川佐渡守は吉政と故郷も近く、初期のころからの重臣でもありました。のちに筑後国三二万五〇〇〇石の国主となる吉政の家臣団の中核は、すでにこのころ形成されていたとみてとれるでしょう。

岡崎城に入った吉政は、増えた家臣を住まわせるために城郭の拡張を行いました。当時の岡崎城は沼地や沢など自然の地形を利用することで外周防備の役割を果たしていたようで、本丸・二の丸・坂谷・東の丸・三の丸などで構成されており城郭内外に明確な区分が見られません。そこで吉政は城と城下町全体を堀と土塁でぐるりと囲む総曲輪《そうぐるわ》と櫓《やぐら》門を築き、総曲輪内に家臣を住まわせました。吉政の岡崎城主としての大きな役割は、関東の家康に対する防備を固めることでしたから、家臣たちを城の東側

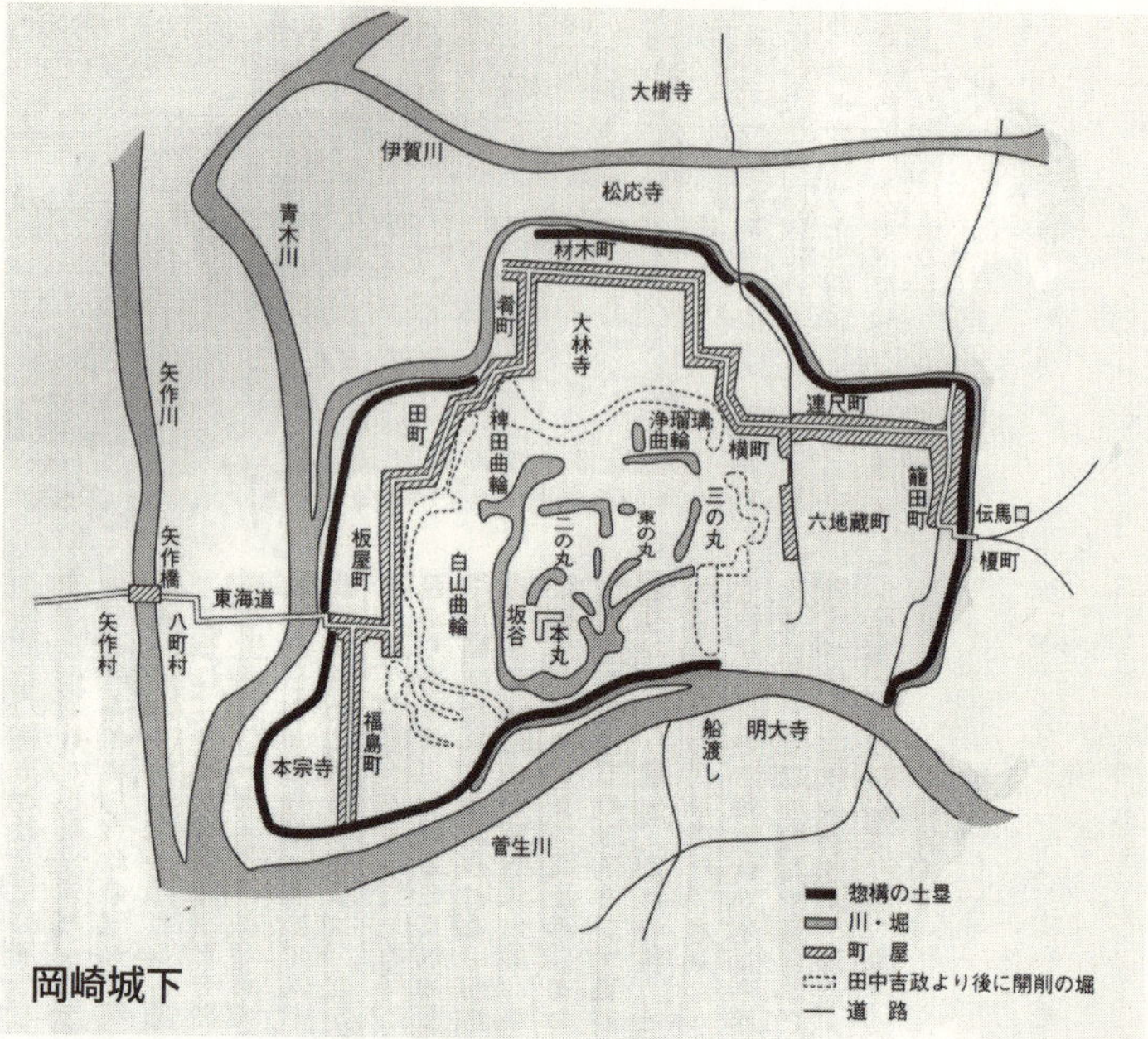

岡崎城下

に集めて住まわせることで関東への守りを固めたのです。吉政が築いたとされる総曲輪は、北から東にかけては土塁を巡らし、西から南は河川を堀として利用しながら土塁を築くといったもので、東西約一・五キロメートル、南北約一キロメートルに及ぶ広大なものでした。

また、それまでに岡崎城にはなかった天守台の造営も吉政が行ったといわれています。城の西側には城下町をつくり、家臣たちの生活必需品や軍需物資を供給する商人や職人を集めまし

岡崎城・天守閣

た。城下町の建設については天正一九（一五九一）年三月、吉政が城西の沼地を埋め立てて町屋をつくりました。そして中世から矢作《やはぎ》の東西で栄えた宿場を解体し、そこから商人や職人を新しくつくった岡崎宿に移住させ商工業を盛んにしました。たとえば連尺《れんじゃく》町には商人、材木町には大工・鍛冶・指物師《さしものし》などの職人、肴町には魚や鳥類を供給する商人を住まわせました。さらには旧来の城東の町と城西の町を繋げ、城を取り巻く城下町をつくり上げたと言われています。

吉政はそれまで城郭の外を通っていた東海道を城下町に引き込みました。人の往来が激しい道を通すことは、防衛上の問題からも敬遠されていたでしょう。それでもあえて城下に東海道を通したのです。

そして吉政は文禄三（一五九四）年には矢作川の築堤工事にとりかかり、矢作川に橋をかけます。そしてそれまで菅生《すごう》川の南を通っていた東海道を城下町に引き入れ、岡崎宿を形成しました。町のなかに東海道を通すことにより、城下町が物流・交通の拠点とし経済的に繁栄する仕組みをつくろうとしたのです。

懸念された防衛に関しては、守りを固くするために「二七曲り」と呼ばれる迷路と間道（わき道）をつくりました。また、有事の際に出入り口を閉鎖し通行を規制すれば関所としての機能を果たせるよう、城下のつくりにも工夫がみられます。吉政がおよそ十年かけてつくりあげた岡崎宿は、のちに東海道五十三次の三八番目の宿場として、大いに栄えることとなりました。

富国政策、寺町づくりと城下町の繁栄

吉政は、権威の象徴である城に籠もることを好まず、むしろ城の外に出て活発に領内を見て廻ったようです。たとえば普請の現場を訪れてはそこにいる人たちと親しく接し、現場でじかに指示を出したり、空腹になれば城から弁当を取り寄せて野外で食事を済ませたりしています。

また、寺の境内の樹木を見ると、それを伐採して茶を植えて採れた茶を門徒に配るように勧めるなど、領民の生活を良くするように考えていました。領内の蔵入地（領主の直轄地）だけでなく、家臣の知行地も見てまわり、秋には作況を検分して年貢の

負担率を決めました。不作の年は、年貢の負担を軽くするなどしたため、領民思いの領主として農民たちからもたいへん慕われていたようです。

科人《とがにん》に対しては、罪の軽重によっては首を刎《は》ねるかわりに荒地の開墾に従事させたり、曲事《くせごと》を犯した者には「にし野」に松を植えさせたりしたそうです。当時、松の葉は塩浜（海水を干して塩を作るための砂浜）の燃料として一般的なものでした。矢作川の堤にも柳の木を植えさせていますが、こちらも同様に塩浜などの燃料として売り買いされたといいます。

生産現場でさまざまな工夫を凝らしていることを直接農民から聞き、吉政が感心したというエピソードも残っているほどですから、吉政は農業技術や生産活動について関心と知識を持っていたといえるでしょう。

ほかにも、農村での秩序を保つために掟を定めてみたり、農村の保護策を打ち出したりもしています。『秀吉を支えた武将　田中吉政』（市立長浜城歴史博物館、岡崎市美術博物館、柳川古文書館）によると、給人や代官が年貢以外の「非分横役」や各種の札物《ふだもの》・札《ふだ》銭・上使《じょうし》銭・草鞋《わらじ》銭、あるいは定め以上の口《こう》銭を徴収することを禁じ、もしも非分があった場合は直訴してもよいと認めています。

もちろん吉政は富国策として地場産業の振興にも積極的でした。八丁味噌や和菓子のような食文化にまつわるものや、灯篭、鳥居、手水鉢などの石製品、ほかにも小刀鍛冶や城内木綿といった特産品づくりも推し進めました。

吉政は岡崎城の拡張にともない、城内の寺社の土地を没収し移転させています。城郭と城下町を整備しながら寺町構想の方も思い描いていたようです。それは本宗寺を核として三河国の主な真宗寺院を城下の一角に集めるというものでした。

そうして吉政は天正一九（一五九一）年、本宗寺を城下町の一角、福嶋に移転させました。福嶋は沼地を埋め立てて造成した地です。吉政は本宗寺のまわりに三河七ヵ寺の真宗寺院を配置することで、城下町の繁栄をになう一大寺町をつくろうと試みました。しかし、この構想はうまく進みませんでした。これには寺社同士の対立があったことが原因だと考えられています。いずれにしても、寺町づくりは城下町形成における重要な政策だと吉政は考えていたようです。

天下人・秀吉の死

慶長《けいちょう》三（一五九八）年八月一八日、秀吉が伏見城で没しました。享年六二。秀吉の死は多くの武将に衝撃を与えましたが、当然吉政もその一人でしょう。吉政は宮部継潤に従い小谷城の戦いで浅井家から織田家に寝返り、そのまま秀吉の家臣となり、天下人となった秀吉をひたすら支え続けました。

戦場では勇猛さを発揮する武将として武功を上げました。また、秀吉の命令を忠実に守り、秀次が幼少のころから傅役として世話をしました。秀次が大名になってからは筆頭家老として領内の差配を任され、秀次の関白就任後もさまざまな意見や諫言をするなど、秀次に関わり続けていました。それらをやり遂げてきた吉政はまさに秀吉の忠臣でした。それほど吉政にとって秀吉という存在は大きかったのです。

また、秀吉の家臣になって以来、吉政はさまざまな知識や技術を吸収してきました。その代表的なものが城下町づくりとその繁栄策、城づくりや治水に必要な土木技術などに関するものです。秀吉が進めた城づくりと城下町づくり、さらに太閤検地による国の基礎づくり、地場産業の振興などを側で学びました。そして、秀吉の意志や考え方を受け継ぎ、みずからの時代を生き抜いていくのです。

【第五章】時代を読む力

家康との関係

秀吉は、自分亡き後の豊臣政権維持を考え、大きくなりすぎた家康の力を抑えるため五大老、五奉行による合議制の運営システムを作りました。しかし、秀吉の死後、家康が豊臣政権内で専横を強めるようになります。そうしたなか、五大老の一人・上杉景勝《うえすぎかげかつ》は軍事力を増強するため会津に神指城《こうざし》を築城します。これが問題となりました。というのも、豊臣政権では許可無く築城などをすれば法令違反にあたると定められていたからです。

上杉家の処遇について、五大老の筆頭であった家康は征伐を決定します。大坂城・西の丸において慶長五（一六〇〇）年六月六日、会津《あいづ》征伐の評定《ひょうじょう》が開かれ、六月八日には御陽成《ごようぜい》天皇から晒布一〇〇反、一五日には豊臣秀頼から黄金二万両と米二万石が家康に下賜されます。会津征伐は錦の御旗のもとでの出陣でした。

当然ながら豊臣系大名も会津征伐に参加しますが、これまでの慣例にもれず、戦地の近くに領地を持つ大名から順に出陣の義務を負うことになります。今回は京よりも東に領地を所有するということで佐竹義宣や最上義光《もがみよしあき》、伊達政宗《だてまさむね》はじめ関東の諸大名に陣触れが出されましたが、ほかに東海地方の田中吉政、福島正則、池田輝政《てるまさ》、堀尾《ほりお》忠氏《ただうじ》、山内一豊らといった大名が参加することになりました。

　ところが今回の会津征伐には、本来なら出陣する義務のない者の姿も陣中にありました。黒田長政《ながまさ》や加藤嘉明《かとうよしあき》、蜂須賀至鎮《はちすかよししげ》、細川忠興《ほそかわただおき》などの西国大名たちです。これは豊臣政権のための戦だからとわざわざ加わったわけでもなさそうです。おそらくは、秀吉亡きあと家康の力が増していく現実をみるにつけ、次の時代をつくるのはきっと家康だろうと判断したのでしょう。戦国の世を生き抜く武将の勘が大いに働いたといえるかもしれません。常に生と死の狭間に身を置く武将たちにとって、そうした時代の流れを見抜く力を備えていることは、リーダーとしての必須条件であったはずです。

　吉政という武将も、しっかりと時代の波を読む力を持ち合わせていたといえるでしょう。宮部継潤に臣従していたとはいえ浅井家から織田家に寝返り、そして織田家のなかでも一番の出世頭となった秀吉に見いだされ、秀吉の死後には家康を支持。吉政がなぜ家康を支持したのか定かではありません。しかし、関東地方に配置換えされた家康のあと岡崎の地を治めた経験から、家康の強さをほかの武将よりも肌で感じていたはずです。一説には秀吉の正室・ねねが、秀吉とねねを慕う武将たちに対し家康を支持するよう要請したともいわれています。

話を戻しましょう。会津征伐に参加する諸大名は、軍備を整えるためにいったん国元に帰ります。なかでも家康が帰国の途につく街道を領地に持つ大名は、家康をもてなすため家康よりもひと足早く自分の国に戻らなければいけません。吉政の領地・岡崎もその通過経路となっていましたから、吉政は急ぎ岡崎城に戻り、もてなしの準備を整えました。

ところが家康は、岡崎城下を通らずに四日市《よっかいち》から佐久島《さくしま》を経由して吉田まで、密かに船で渡ろうとします。策略家の家康は、会津征伐に向かう間に石田三成《いしだみつなり》が挙兵するだろうと予測していました。大軍を率いて会津へ向かってみせることで、あえて石田三成にその機会を与えようとしたのではないかともいわれています。家康はことが起こった場合を考慮して、石田三成と幼なじみだった吉政の領地を避けたのでしょう。両名とも秀吉に引き立てられ豊臣政権を支えてきた人物だけに、当時の家康が吉政に対し警戒心を持っていたとしても不思議ではありません。

しかしながら、家康の不安を察していた吉政は、家康を乗せた船が来るであろう佐久島に長男・田中吉次《よしつぐ》を向かわせます。そうして到着した家康をしっかりともてなしてみせました。吉政がどうやって家康の行動を察知したのかはわかりませんが、家康はさぞ驚いたことでしょう。同時に、そうまでして接待しようとする田中親子をみて、家康の吉政に対する警戒心も弱まったに違いありません。

無事に家康の接待を終えた田中吉次は、吉政よりも先に家康の後を追って江戸《えど》城に向かいました。そののち吉政も江戸城入りしています。

豊臣家を二分する関ヶ原の戦い

慶長五（一六〇〇）年七月二一日、家康は会津への進軍を開始。しかし、七月二四日、下野《しもつけ》国小山《おやま》（栃木県小山市）に到着した家康に「石田三成が挙兵し伏見城を包囲している」との報せが入ります。大軍を率いて会津征伐に向かえば三成が兵を挙げるだろうと家康は読んでいました。家康が仕掛けた策に三成はまんまと乗せられたのです。家康は急きょ、会津征伐を中止して評定を開きます。世にいう小山評定です。

議題は「三成が豊臣政権に対して兵を挙げた。このまま会津征伐を進めるか、それとも三成を討つべきか」というものでした。家康は誰が自分の味方をし、誰が石田三成に付くのかを見きわめようとしたのです。いわゆる踏み絵を行ったわけですが、田中吉政、福島正則、池田輝政、細川忠興ら評定に出席した全員の意見が「三成討つべし」で一致したため、家康は会津征伐から石田三成の討伐へと舵を切りました。このとき吉政は家康に「近江の地理に詳しい自分に先陣を任せてほしい」と願い出たといいます。

石田三成の挙兵は豊臣政権に対する謀反となります。つまり、家康の行動は豊臣政権に反抗する者を討つための大義ある戦いとすることができたのです。ところが、それからわずか五日ほどで事態は大きく変わってしまいました。五大老の一人・毛利輝元を説得した石田三成は、大坂城の奉行衆らをも引き入れて家康を謀反人に仕立て上げます。石田三成は秀吉が定めた「内府ちがひの条々」に家康が背いてきたことを挙げ、家康こそが豊臣政権の謀反人であると訴えました。この訴えに大坂城の奉行衆である長束《なつか》正家《まさいえ》、増田《ました》長盛《ながもり》、前田《まえだ》玄以《げんい》の三人が署名しました。

さらに石田三成は、五大老のうち毛利輝元と宇喜多秀家から諸大名に対する挙兵要請まで取り付けます。すでに前田利家《としいえ》が亡くなっていたため、家康を除いた大老と五奉行のうち四人（一人は石田三成）までもが石田三成の主張を支持するかたちとなりました。これほどの逆転劇をやってのけた石田三成は、きわめて優れた政治手腕を発揮したといえるでしょう。

今度は家康が反乱軍となってしまいました。わずか五日程度で天下の情勢がひっくり返るとは、策略家の家康であっても想定外であったことでしょう。ここに至り「反乱軍である三成を征伐する」という前提が崩れてしまったのですから家康としても胸中おだやかではありません。小山評定で家康に従って石田三成を討つと約束させた諸大名は、もともとは豊臣系の武将たちなのです。政権の執行機関が石田三成の訴えを支持して家康を反乱軍とした以上、家康に味方すれば豊臣家に弓を引くことになってしまいます。家康は豊臣家の家臣である諸将が心変わりするのを恐れました。しかしながら、家康の心配は現実とはなりませんでした。小山評定で家康支持を表明した吉政らは家康に付きました。吉政はすぐさま四男の田中忠政《ただまさ》を人質として江戸城に送るなど、家康側であるという立場を印象付けています。

そして、いよいよ天下分け目の戦いへと時代が動きます。石田三成が結成した西軍は、毛利輝元を総大将として大坂城に入りました。いっぽう家康率いる東軍は八月中旬には清洲城に集結。しかし、決戦の火蓋が切って落とされる気配はありません。東軍の大将である家康が江戸城から動こうとしないのです。反乱軍とされた家康は、西軍側から豊臣秀頼が出て来ることを恐れた節があります。豊臣秀頼の姿を見ればいったんは家康支持を表明した豊臣系の武将が西軍に寝返るかもしれないからです。

なかなか腰を上げようとしない家康に対して東軍の武将たちは苛立ちを募らせます。なかには家康を非難する者までも現れ、足並みがそろいません。そこで家康は使者を送り「皆がいっこうに敵を攻めようとしないので家康様も出陣なさらないのです」と伝えさせました。これを聞いた吉政らは岐阜《ぎふ》城を攻めることを決意します。

慶長五（一六〇〇）年八月二一日、美濃国（岐阜県）への侵攻が始まりました。吉政は長男・田中吉次や福島正則、黒田長政、細川忠興らとともに木曽川の下流を渡り、いっぽう池田輝政、山内一豊らは木曽川の上流を渡って岐阜城を目指しました。吉政らの部隊は木曽川下流の竹ケ鼻《たけがはな》城（城主・杉浦重勝《すぎうらしげかつ》）を攻め落とし、池田輝政らの部隊は岐阜城（城主・織田秀信）を落とすことに成功。

竹ケ鼻城を攻略した吉政らはそのまま一気に岐阜城へ進軍するかと思いきや、西軍の主力が集まっている大垣城へ向かいました。その途で合渡《ごうと》川にさしかかったとき、

川の対岸では三成の部隊一〇〇〇〇人が守りを固めていました。とても容易に渡れるような状況ではありません。そこで吉政は情報を得るため一人、付近の村に入り、出会った僧侶に川を渡ることができる場所を教えてもらったといいます。

吉政はその助言どおりに川を渡って敵軍に突進。守っていた石田三成の部隊とぶつかり、激戦の末にこれを倒し、ついに西軍の防衛線を突破することに成功しました。吉政らは大垣城を目指しながら岐阜城を攻め落とした福島正則ら主力部隊と合流し、八月二四日に赤坂の高地に陣を敷きました。そこは石田三成がいる大垣城からわずか一里ほどの高台でした。

岐阜城陥落の報せを受けた家康は九月一日、ようやく江戸城を出ました。九月一四日には吉政らが陣を敷く赤坂に到着し、石田三成攻略の軍議を開いています。ここで大垣城を落とすには時間がかかると判断。佐和山城から大坂に向かうことにしました。しかし、その情報を察知した西軍は、佐和山城に通じる道をふさぐため、大垣城を出て関ヶ原に陣を敷きました。対する東軍は桃配山《ももくばり》に家康の本陣を敷きます。吉政の配置は右翼のなかほど、黒田長政の部隊にならぶ位置にあり、石田三成の部隊とほぼ正面で対峙《たいじ》することとなりました。このことから、家康は吉政に対し大きな期待と信頼を寄せていたことがわかります。

東軍は七万四〇〇〇、西軍は八万二〇〇〇と数において西軍がわずかに有利と思われていました。開戦当初は西軍が有利に進め、昼過ぎまでは互角の戦いを展開していましたが、西軍の小早川秀秋《こばやかわひであき》が同じ西軍の大谷吉継《おおたによしつぐ》に攻撃を仕掛けると、様子見を決め込んでいた西軍の部隊が次々と東軍に寝返り西軍を攻撃しはじめます。こうした味方の裏切りにあって西軍も崩れはじめ、敗戦色が濃くなると石田三成や小西行長《こにしゆきなが》、宇喜多秀家らは逃亡。戦いに参加しなかった多くの部隊も戦場を離脱してしまいます。こうして東西両軍合わせて一五万もの軍勢による歴史的な戦いは、開始からわずか半日で家康率いる東軍の勝利に終わりました。

三成捕縛

家康は逃亡した石田三成を追撃するため、小早川秀秋をはじめ西軍から東軍に寝返った武将に石田三成の居城である佐和山城を攻撃させました。寝返った者に対して、前に仕えていた主を攻撃するさいの先陣を命じることはよくある話です。しかし、追撃部隊にはなぜか吉政も加わっています。これは吉政が幼なじみだった石田三成の顔を知っているためです。

関ヶ原の戦いから二日後の九月一七日、三成を追撃する部隊は佐和山城の攻撃をはじめます。激しい抵抗を受けながらも、翌一八日にはこれを落城させました。

佐和山城の攻撃に参加しながらも、吉政は近隣の村々に石田三成探索の書状を出しています。石田三成が佐和山城にいないことも想定しての判断だったと思われますが、じっさい佐和山城を落としてみると三成は居ません。吉政は本格的に石田三成を探索するため、人員を送り出しました。

石田三成は伊吹《いぶき》山の山中に逃げ込んでいましたが、あいにく腹痛を起こしてしまい、かなり苦しみながらの逃亡を強いられていました。そうして逃亡していると、吉政が自分を探しているという報せが耳に入ります。すると「吉政に私を引き渡すがいい」とまわりの者に伝え、居場所を吉政に知らせました。これ以上の逃亡は難しいと悟ったのか、吉政の名前を聞いて覚悟を決めたのかはわかりません。観念した石田三成が「どうせ捕まるのなら幼なじみの吉政に」というふうに思ったのでしょうか。

石田三成からの報せを受けた吉政は、家臣の田中傳左《でんざ》衛門《えもん》と澤田《さわだ》少右衛門《しょうえもん》らを迎えにやり、みずからも途中まで歩を進めて出迎えました。田中傳左衛門とは、吉政の一族で信長、秀吉、家康に仕えた近江出身の豪商、田中清六《せいろく》（正長《まさなが》）の兄であろうと思われる人物です。敗軍の大将

格とはいえ、捕らえる立場の吉政も内心複雑だったに違いありません。石田三成は吉政に向かって「田兵(田中兵部大輔)」と幼なじみに戻って懐かしげに呼び掛けました。吉政も三成を丁重に扱い、腹痛に苦しんでいた体をいたわり、韮《にら》雑炊でもてなしました。

西軍の実質的な首謀者を捕縛したという報せは、すぐに家康のもとに伝えられました。このとき家康は大いに喜んだようです。命令したこととはいえ、吉政が期待どおりに三成を捕らえたことで、それまで抱いていた警戒心はかなり消えたことでしょう。吉政は井ノ口村(伊香《いか》郡高月《たかつき》町)にしばらく三成の身柄をとどめたのち、大津にいた家康の陣へと送り届けました。吉政との別れぎわに三成は、その気遣いに対し、秀吉から賜った脇差を譲り与えることで感謝の気持ちを伝えたといいます。

第二部　東洋のヴェネツィア

昔
遠い国から来た
一人の宣教師から
聞いた話だ
近江の国は
ヴェネツィアに
似ている
そして
その国は
もっと高度な
発展をしていると……
それは
わしらの国の
遠い未来のように
思えた

関ヶ原の戦いで
徳川家康率いる
東軍に加わり
石田三成を
捕らえた吉政
その功績に家康は
豊前国に豊後の一部を
加えた領地か
筑後一国望むほうを
三〇万石与えると約束した
岡崎城
豊前
筑後
どちらに
するべきか？

吉政は家臣を集め話し合いをおこなった
お主たちは豊前と筑後の生まれゆえよくわかるであろう
はい 豊前は海の幸山の幸が豊かですが英彦山の山伏が手ごわいかと
筑後は有明海があり干潟は魚介類が豊富にとれます
柳川は有明海を背に筑後川と矢部川の間にあり立地もよいかと
しかし洪水が心配なところです

一長一短あるも
どちらも甲乙つけがたいすばらしい所のようだ
故郷とは親のようなものよのう
筑後の有明海は干潟を開拓し新田を作ることも見込める
なにより家康様は情勢が不安定な九州を
加藤清正殿と共に守ることを望んでおられるのではなかろうか
太閤秀吉様が居城を長浜に定めたように水利を生かした国づくりもできそうだ

よし
筑後に入るぞ
慶長六（一六〇一）年四月
田中吉政は
三二万五千石の
初代筑後国主となり
柳川へ入った
カァ
カァ

戦いで敗れた
豊臣系西国大名の多くは
国替えさせられ
柳川城の前城主
立花宗茂も
わしが入る前に
城を出ていた
領主不在
まして戦直後の国内には
不安が広がり紛争が高まり
走百姓（農村から逃げていった農民）が
増える
一刻も早い
治安回復が必要だ
すぐに法令を
出すのだ！
吉政は柳川に
慶長六（一六〇一）年四月一〇日
田中吉政は
三ヵ条からなる
入国法度を出した

第一条 家臣が理屈に合わない無理なことを農民などに押し付けてはいけない
第二条 山林の竹や木をだまって伐り採ってはいけない
第三条 走百姓を早く農村に帰らせること 特に遅れて帰村する者の田地は没収する
領地から農民が逃げ出すということは米などの生産力の低下につながる
それは国を支える
もっとも重要な基盤を揺るがすこと
兵農分離をはかるため刀狩りもやらねばなるまい
肥後の加藤清正殿が背にいるとはいえ九州の情勢は不安定
抵抗勢力に対しても防衛策をとらねばなるまい

関ヶ原の戦いで
敵中突破で退却した
島津の動きも気になる
国防　農業
物流　商業の発展
すべてを
両立する国づくりに
必要なのは何か？
それは
水だ！

水は農業用水や
生活用水だけではなく
物流の道となり
時に城を守り
火消しとなる
しかし 同時に水は
恐ろしいものでもある
筑後川の水を分流し
洪水を防ぐ役目も
考えなければならぬ
そのためには
城下町に堀を
張り巡らせることが
必要だ
殿が自ら
そのようなことを
やらずとも
今は一人でも
労力が必要
なんや
城におるより
皆と汗水たらし
働くほうが
いいんや
それに…

城の上から見ても見えぬことが下から見ると見えることがあるんや
それはどういうことでありまするか？
あれを見てみ
立派なお城でござりまする
立派な城がこれだけよく見えるとはどういうことや
美しゅうござりまする
アホおまえが敵やったらどうや
はっ
城を隠すように木を植えるんや景観のことも考えるんやぞ
承知いたしました！
吉政は前方の見通しを悪くし敵の侵入を阻むため土居や堤防に榎や椋櫨などを植えた

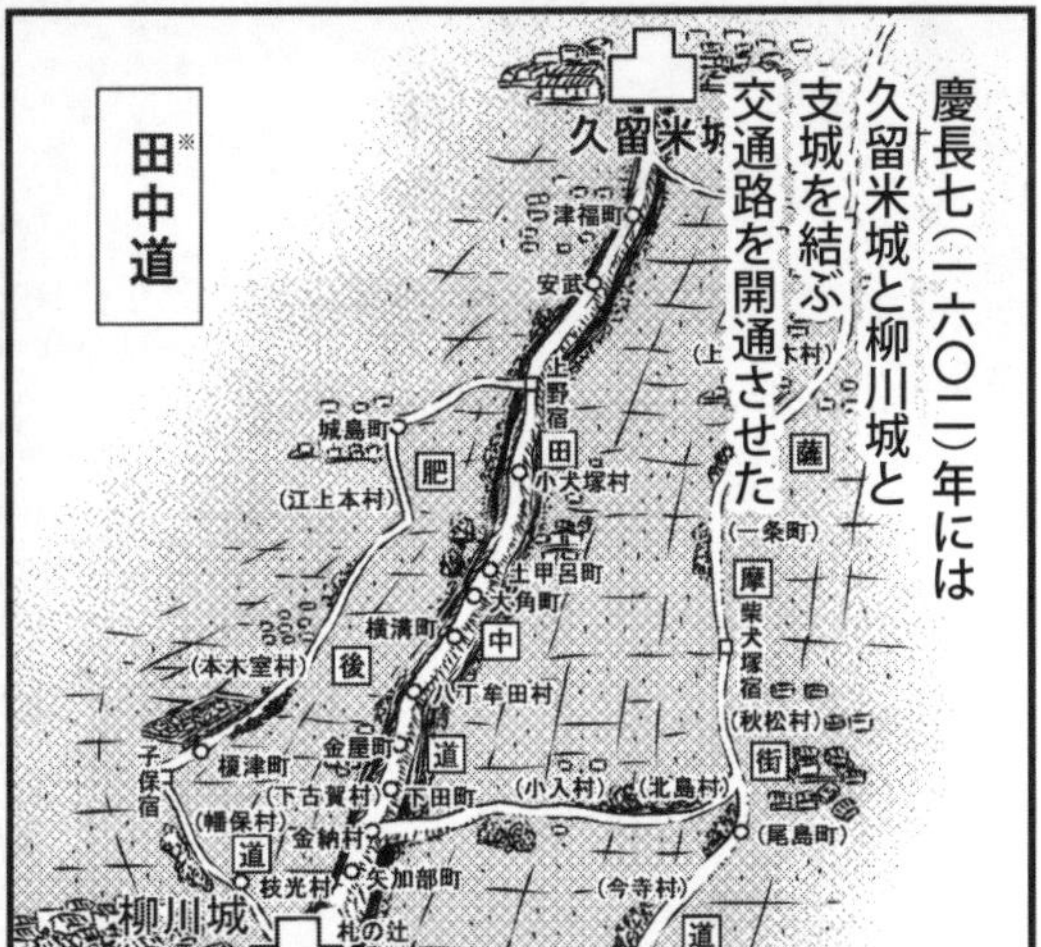

※田中道：久留米城と柳川城を直線で結んだこの新道の両側には溝が掘られ、掘り起こした土は道に積まれて周囲より高くなっていました。軍事道路としての役割に加え、商工業の発展を狙って道の要所には町をつくりました。

有明海沿岸に潮止め堤防を作り農地を開拓する
大掛かりなことゆえ総動員でやらねばなるまい
それは無理でござりまする
どういうことだ？

農民 職人どこも工事に追われ人手が足りませぬ
もう猫の手も借りたい状況でございまする
…猫の手か
困ったものだ
何か策がないものか…
ああコラー

ダッ
この泥棒猫め！
そうや！
人手不足の対策として
罪人を殺さず労働力にする
ざわざわ
罪人を労働力に…

罪人とはいえ
今は大事な労働力
しっかり飯を
あたえ過重労働を
させてはならぬぞ!
慶長七(一六〇二)年
八月六日
有明海沿岸
有明海は
潮の干満差が大きい
満潮時ともなれば
潮が堤防に入り込む
暦から潮が引く
日時を読み
一気に川と川の間を
完成させねばならぬ
ばっ

総力を
集めたとはいえ
時間との勝負
今回ばかりは
刀を捨て
鍬を持たねば
なるまい
お前たち
もっと気合を入れて
働かぬか！
はぁ
やってられねぇな

俺たちは明日死んでもいい身だ
あんたらが何を言おうが指図は受けねぇ
この役立たずめ切り捨ててくれる！
宮川才兵衛
よいそのままやらせておけ
えっ！
でですが…

今は誰一人
無駄な者など
おらん
さぁ
仕事や
もう
うんざりだぜ！

こんな
堤防を作って
どうなる
俺たちには
何も関係ない
領地増やしに
躍起になっている
のはいいが
あんたがやりたい
だけのことに
付き合うのは
ごめんだ

貧しいから争いが起きる ひもじいから物を盗む 不安やから人を傷つける
わしがやりたいことはそれをなくすことや
すべては一刻も早い筑後国の安定のため
土居を築き拓いた新田はこの工事に関わった全ての者に分配する
むろんお主達にもだ
俺達にも…?! そんなバカな…

よっしゃ!
おまえら
ちんたらしねぇで
やるぞ!
おうっ!!

山門　三潴　下妻
三郡の農民たち
家臣として
引き連れてきた
穴太衆
そして
罪人たちが

ぴとつとなった

そして
慶長七（一六〇二）年
八月八日、
吉政と人々は
わずか三日で
二五キロにも及ぶ
堤防を築きあげた
皆の飯を
持って参れ
それと酒もな
罪人も
おりまするが…

今日は
百姓も罪人も
職人も皆
無礼講や
わああああ
その後
第二工事が行われ
慶長一二（一六〇七）年
慶長本土居は完成した

慶長一〇（一六〇五）年
吉政のもとに
宣教師が訪れた
お久しぶりで
ゴザイマス
おお
よく
参られた
お主に
見せたいものが
ある
さあ
上へ参ろう
これは…

ナント
スバラシイ
時代が変われば
人も変わる
新しいことも
いずれ古くなり
そして
忘れ去られる
諸行無常が
世のならわし
とはいえ
皆が力を合わせ
築きあげた
汗と血と知恵の
結晶は
不変であると
信じたい

はたして
遠い未来
この柳川は
どうなっている
のだろうか？
慶長一四（一六〇九）年
田中吉政は
江戸参勤途中
京都伏見で没した
享年六二であった
浄財

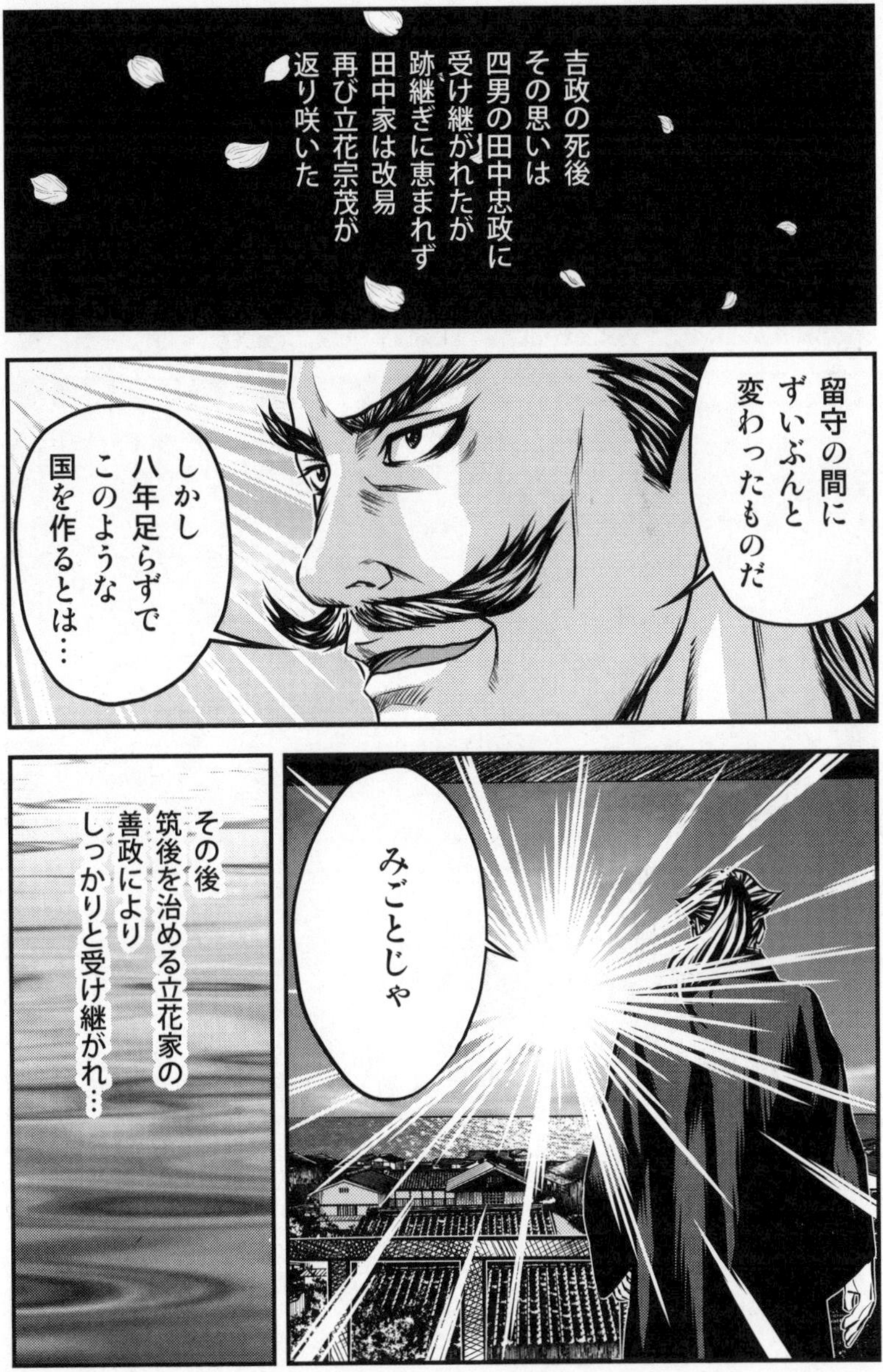
吉政の死後
その思いは
四男の田中忠政に
受け継がれたが
跡継ぎに恵まれず
田中家は改易
再び立花宗茂が
返り咲いた
留守の間に
ずいぶんと
変わったものだ
しかし
八年足らずで
このような
国を作るとは…
みごとじゃ
その後
筑後を治める立花家の
善政により
しっかりと受け継がれ…

そして現在
今は生活用水としての
機能はなくなったが
川下りのドンコ舟が
往来する
観光地として
地域に貢献している
遠い時代
吉政と人々の結晶である
東洋のヴェネツィア
柳川は次の世代
また次の世代へと
受け継がれ
そして
あの日の姿を
今も残している

【第六章】筑後国主

有明海に故郷を重ねる

関ヶ原の戦いで徳川家康率いる東軍に加わり、石田三成の捕縛などの功績を上げた田中吉政は、岡崎一〇万石から一気に筑後国三二万五〇〇〇石の大大名に出世しました。

西軍の大将格である石田三成を捕らえた功績に対して家康は、「豊前国に豊後の一部を加えた領地か筑後一国、望む方を三〇万石与える」と約束します。そこで吉政は家臣たちを集めて家康の言葉を伝えました。家臣団のなかには豊前と筑後の出身者がいたので、それぞれの国について尋ねることとしました。すると豊前出身の者が「豊前は海の幸、山の幸が豊かですが、英彦山の山伏がなかなか手ごわい」と言います。これを聞いた吉政はいままで幾度となく苦しめられた一向一揆との苦闘が頭をよぎったかもしれません。一方で筑後出身の者は「筑後には有明海があり、遠浅の干潟は魚介類も豊富に獲れる豊かな海」と言います。吉政は自分の生まれ故郷である近江の琵琵琶湖に近いイメージを遠く離れた筑後の海に抱いたかもしれません。

吉政は筑後国を所望しました。実際のところ筑後国の有明海は日本有数の遠干潟でありとても豊かな漁場でしたし、葭野を開拓すれば四～五万石の新田開発を見込むこともできました。そこにも吉政は魅かれました。秀吉が信長から小谷城を与えられ、水利と地の利などを考えてみずからの居城を長浜に定めたとき、秀吉が琵琶湖に感じた可能性と同じものを吉政も有明海に感じたのかもしれません。

慶長六（一六〇一）年四月、吉政は三二万五〇〇〇石の初代筑後国主として柳川の地に入ります。そして筑後国を治める拠点として柳川城《やながわ》を選びました。柳川には吉政が入るより前に先発隊が入っていたようですが、吉政の入部を滞りなく行うために、まず環境を整えることが目的だったと思われます。

関ヶ原の戦いで敗れた豊臣系西国大名の多くは改易や国替えされ、柳川城の前城主である立花宗茂《たちばなむねしげ》も、吉政が入る前の年末にはすでに城を出ていました。このように領主不在となり国内の統制が緩む時期には紛争なども増える傾向にあります。また、在地土豪の勢力が強かったこともあり、そうした状況を改善する必要があると判断したものでしょう。

先発隊からは領主不在により荒れた国の様子が伝えられていました。そこで吉政は、柳川城に入ってまもない慶長六（一六〇一）年の四月一〇日に、三ヵ条からなる法令「入国法度」を出し、早期に国の治安回復を図ろうと努めています。入国法度は、

第一条　家臣が理屈に合わない無理なことを農民などに押し付けてはいけない。
第二条　山林の竹や木を、だまって伐り採ってはいけない。
第三条　走百姓（農村から逃げていった農民）を早く農村に帰らせること。
　　　　特に遅れて帰村する者の田地は没収する。

とされています。いずれも重要な内容ですが、特に第三条に挙げた農民の流出防止については早急に対応すべき事項として位置づけていたようです。

国内の安定が急務

関ヶ原の戦いで西軍についた豊臣系大名の多くが、大名の身分を取り上げられたり、領地を没収あるいは縮小されるという処分を受けました。そうした大名の領地にいた

百姓たちの多くも他の土地に逃げ出していました。このように土地を捨てて逃げ出した農民の移動を「走り」といい、この走り百姓は全国各地で発生したといいます。それほど関ヶ原の戦い直後は不安定な情勢にあって、多くの領地が荒れていました。

吉政が統べる領地でも「走り」が多く、なかでも領地が接する鍋島《なべしま》家の肥前《ひぜん》国佐賀には相当数の走りが発生したといわれています。そこで慶長二〇（一六一五）年四月には田中家と鍋島家の間で協定が結ばれたほどです。協定の内容は、慶長二〇年四月末日までに走った者に関してはそのまま住むことを認めるものの、それ以降に走った者はいかなる理由があろうと、元の村に帰らせるというものでした。

領地から農民が逃げ出すということは、米などの生産力の低下につながります。米は当時、国を支える最も重要な経済の基盤でした。それだけに農民の流出は国力の低下を意味し、国の屋台骨を揺るがす重大な問題にも発展しかねません。そういう意味からも、吉政は入国早々に走りを禁止し、早く元の土地に戻るよう命じたのです。領内の秩序を取り戻そうとしたのでしょう。

走りの禁止と同じように刀狩りも実施しました。吉政は、秀吉の下で国を治める術を学びました。秀吉は検地と刀狩りを徹底し、兵農分離を確実なものにすることで、農村と国の秩序を保とうとしました。吉政もまた、秀吉と同じように刀狩りによって安定した農村支配を行おうとしたのです。

吉政が求めた国づくり

吉政は五四歳で三二万五〇〇〇石という広大な国を治める国主となりました。吉政が主となった筑後国は、かつて立花宗茂の柳川、小早川秀包《ひでかね》の久留米、高橋《たかはし》直次《なおつぐ》の三池郡、筑紫広門《つくしひろかど》の上妻《こうづま》郡という複数の領主によって治められていた土地。そのため各地に多くの城や砦が点在していました。吉政はまず柳川城を本城に選び、不要な城や砦などは取り壊して農地に変えていきました。そして柳川城のまわりに一〇の支城を配置しました。

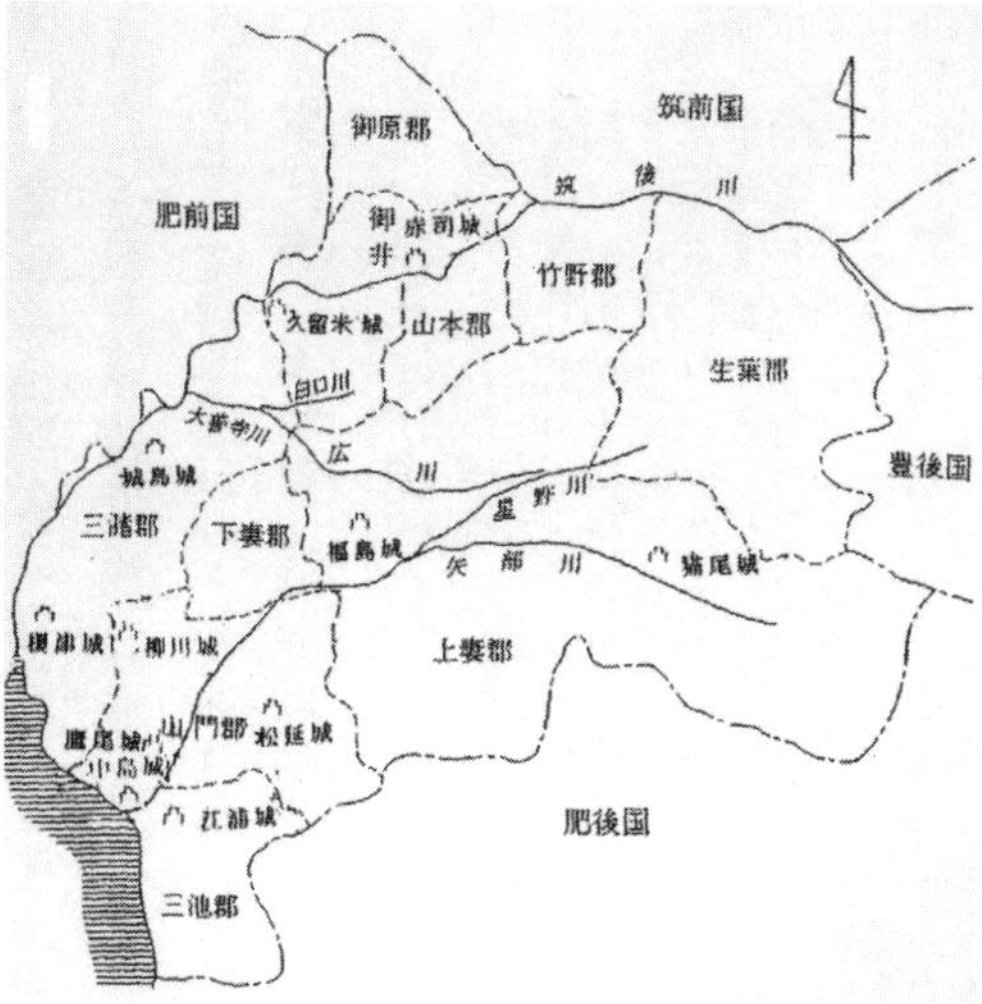

田中時代における筑後国の城

支城は赤司城（三井郡）、久留米城（久留米市）、城島城（久留米市）、榎津城（大川市）、福島城（八女市）、猫尾城（八女市）、江浦城（みやま市）、鷹尾城（柳川市）、中島城（柳川市）、松延城（みやま市）です。支城の城主には、吉政の親族や重臣たちを任じています。支城の中でも最も重要視した久留米城には二男の田中吉信《よしのぶ》（則政《のりまさ》）が入りました。本城に選んだ柳川城は、もともと永禄年間に蒲池鑑盛《かまちあきもり》が築いたもので、自然の地形を上手く利用した守りに優れた名城でした。その後、九州平定で功績のあった立花宗茂が居城としたのも柳川城です。立花宗茂は柳川城を近世城郭とするための整備を進めていましたが、関ヶ原の戦いでは負けた西軍に与《くみ》したことで家康から改易されてしまいます。そのため柳川城の整備は筑後国主となった吉政に引き継がれることとなりました。

近世城郭の基礎を築く

吉政が柳川城を本城と選んだ理由は、その優れた立地にあると考えられます。柳川城は有明海を背に筑後川と矢部《やべ》川の中間に位置します。そして、その周囲には沖端《おきのはた》川が北側を通り、さらに塩塚《しおつか》川が東側を通るなど、有明海を背にして三方を川が囲む自然が作り出した巨大な堀に守られていました。

そうはいっても、三二万五〇〇〇石を治める本城としての防衛機能をさらに強化するとともに、増加した家臣団を住まわせるための城郭の拡張と改修が必要でした。吉政は、信長の安土城、秀吉の長浜城や大坂城、秀次の近江八幡城、みずからが居城とした岡崎城や西尾《にしお》城などの築城や城下町づくりに関わってきました。柳川城と城下町の拡張、整備は、吉政がこれまで蓄積してきた知識とノウハウ、技術を思う存分注ぎ込もうと考えた大きな事業のひとつだったといえます。

柳川城を近世城郭として整備したのは吉政だといわれていますが、さて、どのような拡張や整備を行ったのでしょうか。城の中でもっとも重要な本丸の敷地内には、高さ約八・六メートルの石垣を築いたうえに五層の天守閣を建てました。天守閣の初重は六〇〇あまりの畳を敷ける広さがあ

柳川城古写真（柳川古文書館写真提供）

り、三三メートルの高さを誇ったといいます。このときに石塁を担当したのが、穴太衆でした。吉政は信長が安土城を築城したおり、秀吉のもとで穴太衆の石積み技術の高さに触れ、その素晴らしさを知っていました。そのため吉政は自分の国づくりに必要な技術者集団として、穴太衆を家臣に迎え九州に連れてきたのでしょう。

吉政は贅沢よりも質素を旨とするところがあったようですが、天守閣にはかなり贅を尽くしたと伝えられています。信長や秀吉が天守閣を力の象徴として位置づけたように、吉政もまた、岡崎城主時代に天守閣をつくるなど、その考え方を

柳川城

受け継いでいたと思われます。

本丸と隣接して二の丸が東西に並んでおり、それを内堀で囲み、本丸と二の丸を守る三の丸には、重臣たちが住む「御城内」や米を収納する倉庫、御厩《おうまや》がありました。また、東南隅に櫓を配し、本丸の北東隅には八幡宮、愛宕権現、神田明神の三神山、長久寺、熊野権現などを祀っています。三の丸は土塁と堀で囲んでいますが、西方には曲折を多く設けています。これは城を守る際に侵入してきた敵を側面から攻撃する「横矢」ができるように工夫したものです。

三の丸の周囲には外城があり、侍屋敷（武家屋敷）を配置。侍屋敷は「小路《こうじ》」で表わしていました。城の東側には本小路や奥州小路、袋小路、大屋小路、南側には茂庵《もあん》小路、宮永小路、西側には外小路、西南に御姫小路、北側には坂本小路、薬師小路、本柳小路など、城を囲むように侍屋敷が配置されていたようです。こうした名前は今も柳川の町名として残っているところがあり、当時の様子を知る手掛かりとなります。

外城を出ると城郭の北部に城下町が整備されていました。町屋は城内の東部に位置します。この町屋も拡張させ経済的発展のための環境づくりを積極的に推し進めました。町屋は職能や職業毎に分けられ、それぞれの町には街路が通っており、同じ町内の家が道を挟んで並ぶかたちになっていました。そして多くの町の境には掘割が水をたたえていました。たとえば、沖端川以南では川に沿って材木町や糀屋町が立ち、主要街道筋には上町や中町、辻町が並びます。それらの町の西裏手には八百屋町や西魚屋町などの食料品を扱う店、鍛冶屋町、寺町が並びます。そして、西部と南部には食糧供給基地を置きました。こうして柳川城と城下町のまわりを堀で囲む総郭《そうぐるわ》型構造の城郭がつくりあげられました。その範囲は東西二キロメートル、南北四キロメートルにも達する広大なものだったようです。

柳川城だけでなく、ほかの支城の拡張や改修も行って防衛力の強化を図りました。また城下町づくりによる地域経済の発展にも積極的に取り組んでいます。吉政は岡崎城の城主時代から城の拡大や城下町づくりなど国そのものをデザインすることに長けていましたが、筑後国はそれをはるかに上まわる規模の領地であり、支城の数も多く大がかりな事業となります。秀吉の施策を実務担当として実行しながらノウハウや技術を自分のものにしてきた吉政は、これまでの集大成として自分の思い描く理想の国づくりを、ここ筑後国で成し遂げたいと考えていたことでしょう。

ところで、現在田中氏の末裔が多く住むといわれる地域には、田中姓と同様に河野姓や川野姓もよく見られます。少し話を飛躍させれば、吉政が河野水軍の末裔を領内に呼び込んだ名残ではないかという見方もできます。吉政は都市のグランドデザインを考えるうえで、優れていると判断したものは積極的に採り入れていました。建築について穴太衆に力を求めた例もありますから、水路・海運のことでは河野水軍の持つノウハウを用いようと考えていたとしてもさほど不可解ではありません。

都市をデザインする

吉政は四〇〇年を経た今でも福岡県柳川地方で「土木の神様」と称えられています。戦国時代、国を治める者には高い治水能力が求められました。海や川の水を利用して国防の機能を持たせるだけでなく、水は物資の運搬や農業用水、生活用水にまで利用されるため、治水事業が重要視されていたのです。

吉政が重視したのは国防と国力強化、領民生活の安定と向上でした。国防については、先述したように柳川城や支城の城郭拡張と城下町の整備などを行っています。川の氾濫を抑えるためのいくつもの治水事業、有明海の潮害からの守りと新田干拓の要となる慶長本土居の築堤を行うことで、人々の生活の安全と生産高の向上も図りました。また、領内の交通の利便性を高めるために道路交通網を整備し、経済的な発展の基礎もつくりあげました。これだけの事業を筑後国に入ってから亡くなるまでのわずか八年足らずで手掛けた功績は、高く評価されてしかるべきものでしょう。

さらに領民の生活の向上を図るために掘割を整備しました。吉政はキリスト教を手厚く保護しました。そのため、キリスト教徒からヨーロッパの国づくりについて情報を得ていたはずです。そのなかで、イタリアのヴェネツィアの街も知っていたと思われます。吉政が整備した掘割は市街地に網の目のごとく広がり、水運はもとより生活用水として人々の生活になくてはならないものとなりました。今では水道の普及によって生活用水として利用されることはありませんが、川下りを楽しむ観光客を呼び込む観光産業の柱として、柳川の経済に大きく貢献しています。

川下りを楽しむ観光客

防衛のための様々な工夫

吉政が筑後国主となった時期は、まだ泰平の世といえる空気ではありませんでした。よって吉政の居城で国の要である柳川城の防備はもっとも重要視されました。城内との出入り口には辻門や高門、木戸門などが設けられ、それら門の内外には兵を集めたりあるいは敵が侵入した際にその動きを妨害したりするための勢溜《せいだまり》や番所を設けました。また、門前の掛橋はほとんどが石積みではなく木製で、敵が攻撃を仕掛けてきたとき撤去しやすくされています。そして敵の直進を防ぐため橋を道とわずかにずらして架けたり、堀岸に土塁などを設けて前方が見えにくいようにしたりと、そこかしこに仕掛けがみられます。

主要な道路は十字型に直交せずにあえて矩手《かねて》型、T字型などとしています。肥後街道、瀬高柳川街道も城下町の入口でL型に曲折しています。市街地もその街路は辻町で十字に直交していますが、それ以外は、L型・T型などに屈曲しています。このように、道路を複雑にすることで前方の見通しを悪くして敵の侵入を阻み、橋の近くの掘割からは横矢で攻撃ができるようにもなっていました。また眞勝寺《しんしょうじ》土居や藤吉《ふじよし》土居、塩塚《しおつか》川堤防には、榎《えのき》や椋《むく》、櫨《はぜ》などを植え、城に近づいた敵から天守閣が見えないようにも工夫を凝らしています。

さらに城を中心に張り巡らされた堀は、平時は灌漑用水などに用いますが、有事の際は防衛機能を果たすことができます。堀には三つの水門があり、第一の門を開けば外堀一帯が水に浸かり、第二、第三の門を開けば城下が水没し水城として敵の侵攻を防ぐ壮大な仕組みとなっていました。支城を配置して国境の警備を強固にするだけに頼らず、万が一、敵が侵入してきても容易には攻められないような構造としたのです。

田中家の家臣団

三二万五〇〇〇石の大名となったからには、石高に応じた家臣団を持たなければいけません。当時の武将には一〇〇石につき最大五人の軍役が課せられたようです。一万石の武将は五〇〇人、三二万五〇〇〇石ともなれば一万六〇〇〇人の軍役が課せられ、その規模に応じた家臣団を抱えることになりますが、実際の軍役は一〇〇石につき二～三人程度だったともいわれています。そうであっても、吉政のような広い領地を治める大名の家臣団ともなると、やはりかなりの規模になります。

通常であれば、大名が改易や移封となった場合、新しく入った領主が前領主の家臣を召し抱えるといった例も多くあります。しかしながら、吉政が入った筑後国は関ヶ原の戦いで西軍に付いた大名・立花宗茂の旧領地であっただけに、立花家から野に下って浪人となった者たちを吉政が召し抱えたという例はわずかばかりだったようです。

しかしその一方、秀吉の九州平定により没落した土豪の者が田中家へ仕官したという例は少なくないようです。彼らはそれまで村において地侍的な存在として農耕に従事するなどしていましたが、地域の事情に詳しいことから重用されました。草野《くさの》家の者で、竹野《たけの》郡塩足《しおたり》村（現在の浮羽郡田主丸町）の塩足市蔵《しおたりいちぞう》が代官役に任ぜられたのもその一例でしょう。吉政が筑後国に入った当時の家臣団に関する資料は見当たりませんが、『福岡縣史資料』によると知行を与えられた家臣は一三八〇人。このことから、家臣たちの大半は知行地を与えられていたと考えられます。この知行地こそが家臣たちの生活の基盤であり力の象徴でもありました。当時の慣わしとして、知行地における年貢の割合などはその土地を治める者の裁量で決めてもよいことになっていますが、所有する土地はまとまっていたわけではなく、実際のところさまざまな所有者の知行地が入り混じっていました。その知行地のなかに領主である吉政の蔵入地（直轄地）が混じっていることも珍しくありません。そうした事情から、領主が課税する年貢と隣接する所有者のもつ土地の年貢が異なるというのでは都合が悪いと、領主が定める年貢率にまわりも準ずるようになったと考えられます。

吉政は慶長七（一六〇二）年、「台所入之掟《だいどころいりのおきて》」を宮川佐渡守、磯野伯耆守、石崎若狭守の三奉行と田中織部《おりべ》、塙八右衛門《はなわはちうえもん》、北村久右衛門《きたむらきゅうえもん》ら三横目（観察役）に宛てて発しています。「台所入」とは大名直轄地すなわち蔵入地のことです。この台所入之掟という吉政の直轄地への決め事が、武将など所有者たちの領地支配の基準となっていきます。国を治める組織はどのように形成されていたのでしょうか。吉政は国内一〇の郡を宮川、磯野、石崎ら三人の奉行に郡代を兼務させるかたちで統治しました。それら奉行のもとで代官に村々を管理させていたのです。代官の下には村ごとに村役人として大庄屋、庄屋がおり、その下に長百姓、散使という階層が組織されていました。

独自の検地を導入

慶長六（一六〇一）年、吉政は検地を実施しています。吉政が徳川家康から与えられた筑後国の石高は三二万五〇〇〇石ですが、この石高は豊臣政権時代に秀吉が行った太閤検地によって算出されたものです。

吉政は独自の尺度によって石高を算出しました。いわゆる「田中高」といわれるものですが、太閤検地で用いられた基準よりも短い測量用の竿を使い検地を行っています。その結果、三二万五〇〇〇石の石高は七五万石に倍増したと伝えているものもあります。太閤検地を表向きの検地とすると、田中高は国内向けの検地といえるでしょう。吉政が独自の基準で検地を行った理由はいくつか考えられますが、最大の理由は石高の増加を図ることではなかったかと思われます。

田中高による検地では、それまで石高に計算されなかった荒地や空き家までもがその対象とされています。吉政が行った石高の見直しというのは、現在の領内で農地として開拓することが可能な土地までを含めた石高ですから、工夫すればそれだけ国が豊かになるという将来像を描こうとしていたのだと思われます。となれば、新田開発もその一環として推し進めたものでしょう。吉政は石高を増やすことで筑後国の長期的な展望と可能性を示し、家臣たちにやる気を出させようと考えたのかもしれません。石高を増やそうとした目的は、家臣団の知行高の増加に対応するためでもあったようです。吉政は石高を見直して新たな基準を示して領内の石高を倍増させましたが、それに比例する年貢を徴収しようとしたわけではないようです。徴収する年貢高についてはその年の収穫状況に応じた年貢を課しています。たとえば災害によって収穫高が例年よりも悪いと判断すれば年貢率を下げるなど、生産現場の状況に合わせて柔軟に差配する領民思いの主であったようです。

また、年貢を白米ではなく玄米で納めることも認めています。白米に比べると玄米は籾の分だけ一割程度増えるため、農民の負担もそれだけ軽くなります。吉政は岡崎城主時代から朝は早くから城を出て土木工事の現場をみずから見て廻り、気さくに領民と会話するなどして現場の状況をつかんでいました。おそらくそうした中から領民の暮らしぶりについても情報を得て、領内の実態についてきちんと把握していたのでしょう。筑後国を治めることになったときも領民の実態を把握することに心を配っていたでしょうから、実態に即した年貢を徴収したのも合点がいきます。

さらに吉政は農業技術の知識に明るかったため、かかる生産高の向上にも積極的に取り組んでいます。全長二五キロメートルにおよぶ「慶長本土居」をわずか三日で築きあげ、有明海からの潮害を防ぎながら新田を開発したり、筑後川の氾濫を抑える治水工事を行うなど、それまで困難とされてきた事業を成功させています。

吉政は信長、秀吉のもとにあって、当時もっとも進んだ知識と技術が集まる環境に身をおいていました。そのなかで国づくりに必要な土木、治水、築城などを学びました。その中央から九州に来た吉政が率いた技術者集団は、今でいうところのスーパーゼネコンのようなものではなかったかと想像されます。

【第七章】土木の神様

二五キロメートルの堤防を三日で築く

家康から筑後国を与えられた吉政は一〇郡の庄屋・百姓に葭野の開発を命じました。葭野を増やしてそこに集まる堆積物を蓄え、堤防をつくっていきます。そうやって潮の流入を防ぐとそこを埋めて新田に変えていきました。これはもちろん、領地を拡大しつつ年貢を増やして藩の財政を豊かにすることを目的としたものでした。

吉政は慶長七（一六〇二）年、現在の大川市北酒見から柳川市〜大和町〜みやま市渡瀬までの有明海沿岸三二キロメートルにおよぶ潮止め堤防を築く大事業に着手。これが有名な「慶長本土居」です。第一期工事として慶長七（一六〇二）年八月六日から山門郡鷹尾村（福岡県柳川市大和町）より三潴郡酒見の北沖村（福岡県大川市）までの二五キロメートルにも及ぶ距離に、高さ一・八メートルの堤防を築きました。しかも工期はわずか三日。これは山門・三潴・下妻三郡の農民を総動員しての大事業でした。

どうしてたった三日でこれだけの大工事をやり遂げることができたのでしょうか。

潮止めは吉政が入国する前から点在していました。そして、これらをつなぐ堤防を築くことができれば新田開発もできます。それまでにもこうした構想はあったに違いありません。しかし、実際には実現していませんでした。

有明海は潮の干満の差が大きく、せっかく堤防をつくってもそれらがつながっていなければ、満潮時にはその間から潮が入り込み堤防ごと波にさらわれてしまいます。有明海には筑後川と沖端川、塩塚川、矢部川が流れ込んでいます。川と川の間を一気に完成させなければ、つくった堤防は流されてしまうのです。そこで吉政は四本の川のそれぞれの間をつなぐ堤防を一日で仕上げ、合計して三日間で完成させる計画を立てました。

吉政と人々は
わずか三日で
二五キロにも及ぶ
堤防を築きあげた

慶長本土居

工事ができるのは、有明海の潮が引いているわずかな時間に限られていました。大潮のときなどはもちろん工事ができませんから、昼間に工事ができる時間が長く、そこにちょうど小潮がかさなる日がもっとも適しています。つまり暦を読み、工事ができる日時を割り出さなければならないということです。

さらには、三日で完成させるために必要な作業員の人数とそれを監督する役人の人数や配置など、非常に緻密な計算が要求されます。いくら近隣の領民を総動員するといっても、二五キロメートルにおよぶ大工事なだけに命がけの現場もあったに違いありません。水を治めるノウハウとそれを実現可能にする高度な技術力が求

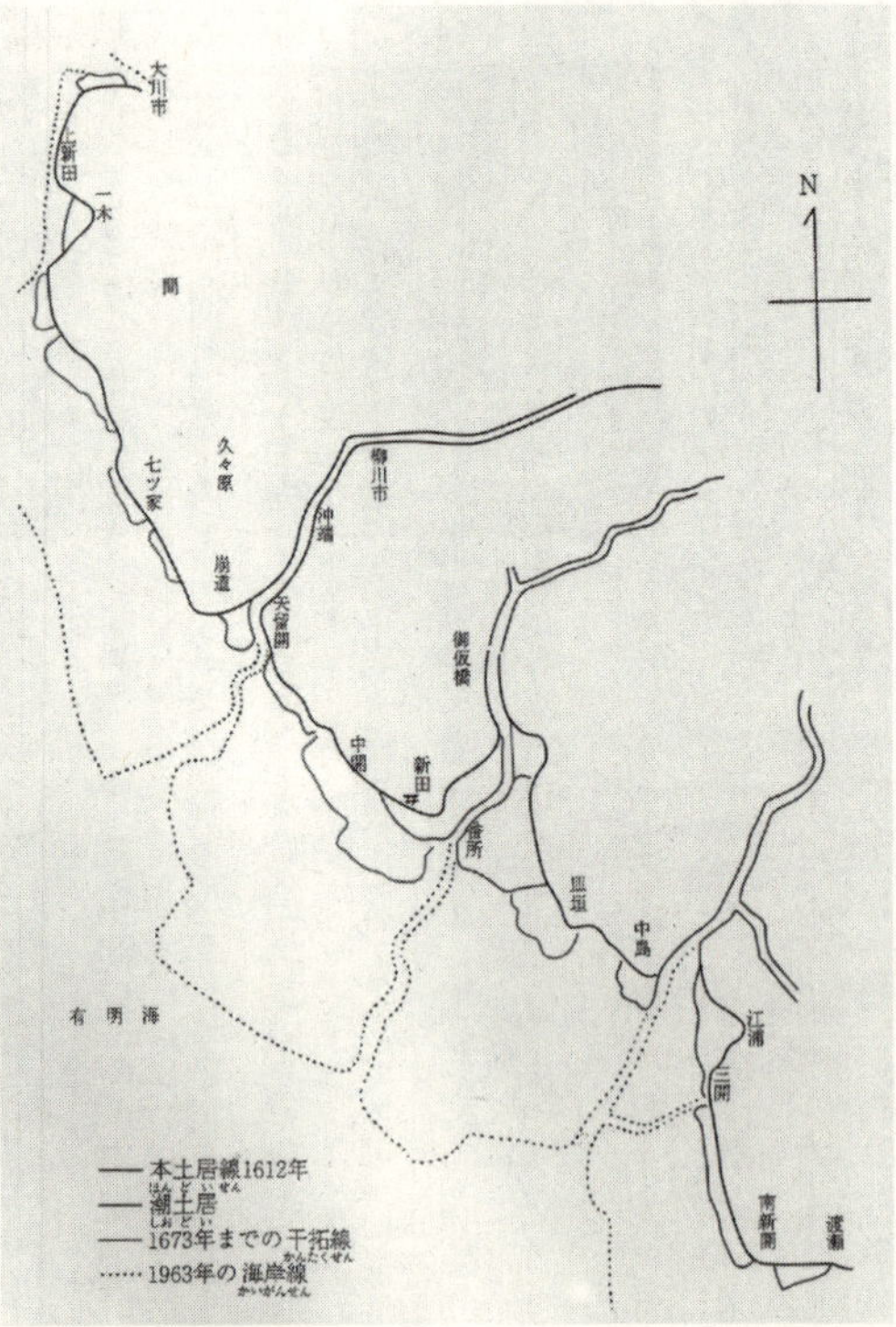

慶長本土居の図

められる難しい工事ですが、やり遂げることができると吉政は判断したわけです。そうさせたのは、これまでのさまざまな事業を成功させてきた穴太衆はじめ優秀な技術者集団がいたからにほかなりません。

そののち、第二期工事として現在のみやま市高田町渡里から同町渡瀬までの七キロメートルの築堤工事が行われ、慶長一二（一六〇七）年、三二キロメートルにおよぶ慶長本土居はみごとに完成しました。

慶長本土居をつくったことで吉政の目指す領土拡張は可能になりました。筑後国にきて間もない時期にこれだけの大事業を手掛けた理由には、関ヶ原の戦い後の混乱した状況に対する危機感の現れがあったという見方もできるでしょう。

関ヶ原の戦いにおいて家康が率いた東軍が勝利したとはいえ、このころはまだ徳川の完全な天下といえる状況ではありませんでした。家康が征夷大将軍に任じられ江戸幕府を開いたのは関ヶ原の戦いから三年後の慶長八（一六〇三）年のことです。そのため九州でも不安定な状態が続いていました。

そんななか、九州で「八院《はちいん》の戦い」が勃発します。関ヶ原の戦いで西軍に付いた柳川藩の立花宗茂と佐賀藩の鍋島勝茂《かつしげ》は、西軍敗戦後に国もとに戻りました。しかし、敗れた西軍に味方した以上、いずれ家康から処罰されることは明らかでした。そこで鍋島勝茂は家康の心証を良くすべく同じ西軍で戦った柳川藩に攻め込み、みずからの領地を保持しようとします。このように当時はまだ、いつ戦が起きるかわからないという空気に満ちていました。

そのため、吉政としても早急に国の守りを固めたかったことでしょう。吉政が残した支城も国防を重視した配置になっているようです。関ヶ原の戦いで西軍に付いた佐賀藩からの侵入に備えるため、久留米側の国境近くには多くの支城を配置しました。いっぽう、関ヶ原には加わっていませんが東軍に付いて黒田孝高（官兵衛）とともに九州で戦っていた肥後国の加藤清正に対しては、それほど警戒する必要もないことから国境沿いに支城はありません。

慶長本土居は、海からの侵略に備える国防を第一の目的に、そして、世の中が安定した後は干拓し、領地を広げるという意味合いが強くなりました。隣国などから攻め込まれるかもしれないという緊張感があったはずですから、吉政は危機感をも煽《あお》りながら工事に携わる人たちを働かせたことでしょう。

そうした緊迫感があったからこそ、あれだけの大事業をわずか三日で成し遂げることができたのかもしれません。

新田開発を奨励

慶長本土居は慶長一二（一六〇七）年に完成、それにより有明海沿岸の高潮被害も減少しました。本土居の築堤により、吉政が描いた有明海に向けた領地拡大がいよいよ現実のものとなりました。そして吉政は本土居から海に向かって葭を植えて土壌を堆積させ干拓し、新田を広げていく新田開発を奨励しました。

新田を開拓するには葭を植える権利を持たなければならないため、この事業は有力武将や地域の豪農、豪商などが手掛けました。ある程度干拓地が広がったら、そのまわりに藩が半円状の潮土居という堤防をつくります。そしてまたその外側に豪商や豪農たちが干拓を行っていったので、干拓地は魚の鱗状に広がっていきました。

干拓地は開拓した者の所有地となり藩はそれに対して課税します。とはいえ干拓地では塩分が強くすぐに作物ができるわけではないため、はじめのうちは綿などを植えることが多く、米ができるようになるまでに五年程を要します。そのため吉政は、米の生産が安定するまでは税金を免除、減免するなどの優遇措置を施し、新田開拓の意欲を高めるよう努めました。

筑後国主となった吉政とその四男・忠政のあとにも、立花宗茂をはじめ歴代藩主たちは積極的に有明海の開拓を進めました。今となっては慶長本土居も取り壊されてその大半が道路となっていますが、慶長本土居を基点に広がった干拓地は今も地域経済に大きく貢献しています。

寺社政策

吉政は、旧在地領主から寄進された、あるいは、秀吉の九州平定後に保護されていた寺社領を領内検地のうえ「田中高」という新たな基準によっておよそ半分に削減しています。田中高は国内向けに石高を表わす検地基準として設けられたものですが、太閤検地で表わされた石高と同じ石高でも実際には半分程度の領地となります。そのため認められた寺社領も半減することとなり、寺社の経営は相当のダメージを受けたようです。

たとえば高良大社《こうらたいしゃ》(久留米市)は立花家の統治時代と同じ一〇〇〇石を寄進されていますが、吉政による寄進は「田中高」に基づくもので、その石高は半分程度にとどまります。同じような例は水田天満宮《みずた》（筑後市）、千光寺《せんこうじ》（久留米市山本町）、風浪宮《ふうろうぐう》（大川市）、安国寺《あんこくじ》（久留米市山川町）などにも見られます。

だからといって、吉政が寺社全てに対して同じような扱いをしたわけでもなさそうです。毛利家の統治時代に奪われていた寺社領を復活させ、田地を寄進するなどということも行っています。久留米市の大善寺玉垂宮《だいぜんじたまたれぐう》や筑後市の熊野坂東寺《ばんどうじ》、八女市の正福寺《しょうふくじ》や光明寺《こうみょうじ》、真妙寺《しんみょうじ》、筑後市の了源寺《りょうげんじ》、久留米市城島町の九品寺《くほんじ》、大川市の栄勝寺《えいしょうじ》などがそうです。神社では田主丸町の明石田八幡宮や柳瀬大菩薩、諏訪明神などがそれにあたります。

吉政には寺町構想もあったことでしょう。岡崎城主のころには秀吉にならい寺社を移転させ、経済的な発展を見込める寺町づくりに取り組みましたが、そのときは寺社同士の関係悪化が原因で計画通りには進みませんでした。ゆえに、筑後国でも新しい国づくりを進めるなかで寺町をつくりたいと構想していたと思われます。

基幹交通網の整備

吉政は柳川城を本城と定め、久留米城に二男・田中吉信（則政）、福島城に三男・

田中吉興《よしおき》（康政《やすまさ》）を置き、他の各支城にも一門や重臣を配置しました。

筑後国に入った当時の不安定な情勢を考えるにつけ、国の守りを固め国内の安全と安定を図ることが急がれました。そのため吉政は柳川城と支城を結ぶ交通路を整備したり、新しい道路を開通させたりしました。

なかでも慶長七（一六〇二）年に久留米城と柳川城をほぼ直線で結ぶ道として開通させたのは、防衛上もっとも重要視した軍事道路。これは、元亀三（一五七二）年に信長が浅井家と戦ったときに小谷城と宮部城を結ぶために築いた軍用道路を連想させます。現在も道は残っており、県道二三号にほぼ沿って走るこの道路は「久留米柳川往還」や「田中道」と呼ばれています。

田中道は道の両側に溝を掘って水はけをよくしつつ、掘り起こした土を道の中央に盛るなど、防衛的な機能を考えた構造になっていました。基本的に直線の道路でしたが、要所に曲がり処を配置するなど敵の侵攻を防ぐための工夫も施しています。

田中道をつくった当初はまわりに人家や宿泊施設もなく、旅客にとっては不便であったことから、近くの農村から人を集め町や市をつくりました。

こうして農村から集められた住人には、税金の一部を免除するなど優遇措置を施しています。田中道開通の翌年、慶長八（一六〇三）年には田中道沿いに「土甲呂町」や「津福町」などの町が新設されています。

ほかにも「下田町」「金屋町」「横溝町」「大角町」「田川町」「山野町」「目安町」などが町立てされ、大勢の人の往来で町は賑わいをみせるようになります。

田中道は柳川から久留米まで、次のような行程となっています。

□柳川城下―矢加部町―金納村―下田町―金屋

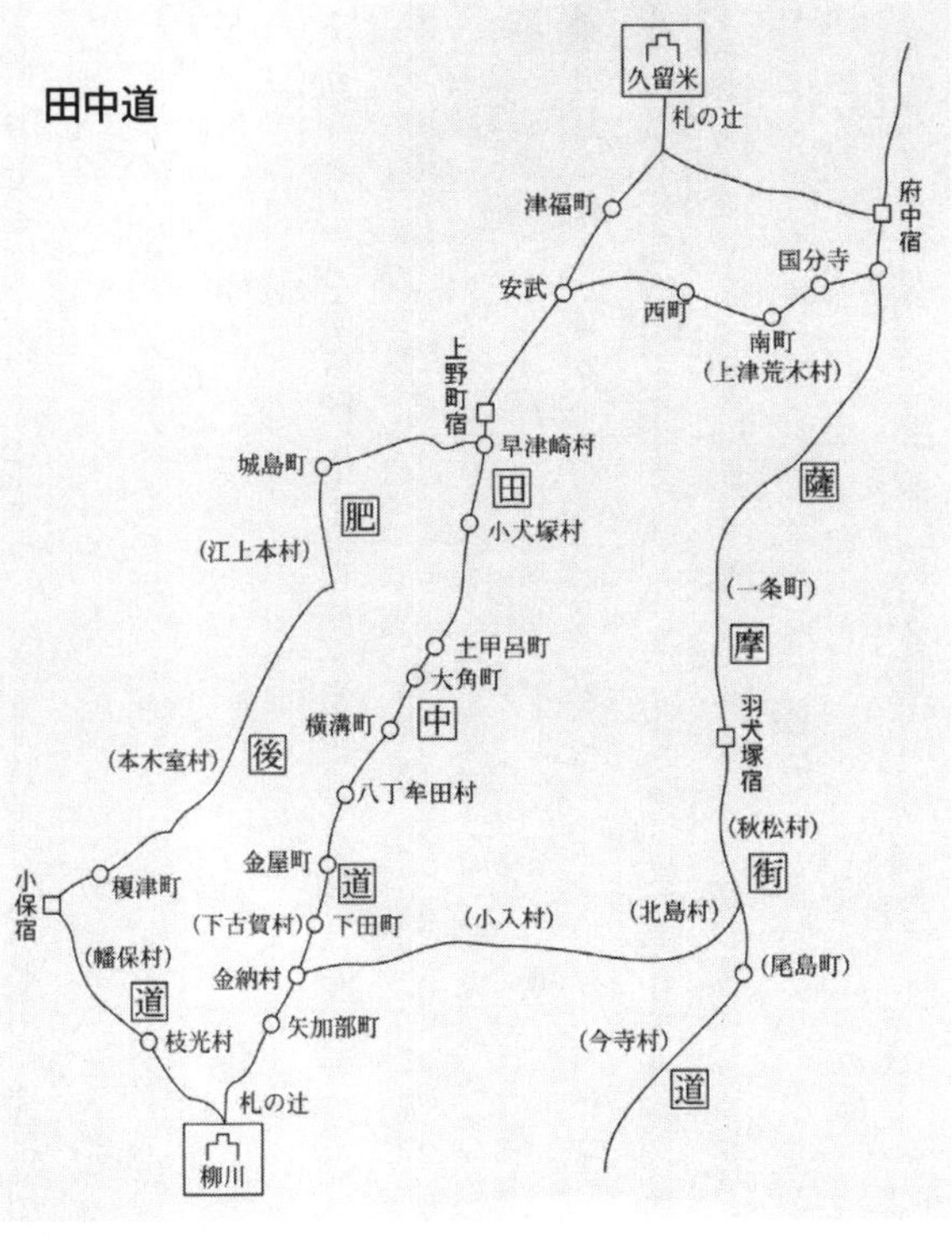

町―八丁牟田村―横溝町―大角町―土甲呂町―小犬塚村―□上野町―安武町―津福町―□久留米城下

※□部分は宿駅（人馬継所）

田中道のほかにも久留米市安武町追分で久留米柳川往還から分かれ、西町、南町、国分町を経て御井町矢取に至り薩摩街道に合流する「府中道」など、柳川城と他の支城を結ぶ交通路の整備や拡充を推し進めました。吉政は、あわせて行った市立てや町立てによって人や物資の往来を活発にし、町の繁栄を促す基礎をつくっていきました。「土甲呂町」や「津福町」などの住人たちは吉政の死後、主をしのび「座」をつくって「御免地祭り」を催すなどして、その功績を称えました。また、吉政がつくった「田中道」の道筋には、津福八幡宮境内（久留米市津福本町）の「田中神社」や住吉宮境内（大木町土甲呂）の「吉政社」、横溝町の「兵部神社」など吉政ゆかりの小社が点在し、「土木の神様」として今も地元の人たちに祀られています。

国を治める者の条件

吉政は治水にも長けていました。筑紫平野は筑後川が運んでくる肥沃《ひよく》な土のおかげで、稲作に適した豊かな土地です。しかし同時に、低湿地帯のため筑後川の氾濫によって度々被害を受けてもいました。このように、筑後川は栄養に富んだ水や土を運んでくれますが、一方で度々氾濫をおこし周辺地域に大きな被害をもたらしました。吉政はそういった筑後川の洪水を防ぐため網の目状に掘割を整備しました。水は筑後・矢部両河川を中心とする主要な川から分流させて引き入れ、そして水運や稲作のための用水路を整備しました。また、吉政が柳川の城下に縦横に走らせた掘割は、物資を運搬する機能と生活用水としての機能をあわせ持っていました。柳川に整備された掘割の利水の仕組みには、非常に多くの知恵が活かされています。例えば、高低差の非常に小さな平野部で水を行き渡らせるために、堀の幅を一定にせず、橋のたもとでは堀の幅を狭くしています。緩やかに流れてきた水が、狭い所を通過すると勢いを増し、水の流れが速くなります。その際、水をかき混ぜることで、水中に酸素を取り込む効果も生まれます。

そのため、堀は自身で水を浄化する能力を有していました。生活用水などで日中使用した水は新しい水と入れ替わり、明け方には綺麗な水として堀に返ってくる仕組みが出来ていました。

　また、水路はV字型に作られているため、より多くの水を貯えることができます。例えば、大雨が降ってもため池として水の氾濫を防ぐ機能を果たすことができます。たとえ、堀では水をとどめることができなくても周りの田んぼが水を受け止めます。多少、水に浸っても数日後には水が引き田んぼは元に戻りますし、氾濫によって運ばれてきた栄養度の高い土などが田んぼを豊かにするという仕組みになります。

　現在の私たちは、機械や電気の力を使って水を浄化、供給していますが、柳川の堀には既に、自然の力を活かした非常に高度な先人の知恵が活かされていたといえます。吉政は、近江八幡城と城下町づくりにおいて、下水道機能を備えた掘割の整備を行っていますから、柳川での掘割の整備にもその知恵と技術が活かされたということです。

　現在では生活用水としての機能はなくなっていますが、川下りの「ドンコ舟」が往き来し、四〇〇年経った今日の柳川を代表する観光事業として地域経済に貢献しています。

　吉政は治水によって経済的な安定を図りながら、水運機能と軍事的な防衛機能をあわせ持つ仕組みをつくりましたが、こうした治水事業は水害の脅威から領民を守り、農業の生産性を高めるとともに物資輸送や生活用水の利用をおおいに助けました。

地場産業の振興

＊豊臣秀吉にも好まれた「蒲池焼」

蒲池焼の祖・家長方親《いえながまさちか》。その作品は秀吉からたいそう気に入られ朱印状を賜っています。そして毎年春と秋には、秀吉に土鍋や土器といった焼物を献上するほどでした。そのため吉政が招き入れたときには、すでに家長方親の作品は高価なものとして身分の高い者に好まれていたようです。

蒲池焼は、もともと肥前国佐賀の鍋島直茂《なおしげ》に仕えていた家長方親が慶長九（一六〇四）年、吉政に招かれ肥前国から筑後国の西蒲池に移り、土器を焼いたのがはじまりとされています。蒲池焼は素焼きながら重厚で上品な色合いがその特徴と言えるでしょう。吉政は家長方親に禄を与え、そして、筑後国土器師役を任命するなどして

蒲池焼

重く用いました。

＊九州和紙発祥の地「溝口」

溝口の和紙は文禄のはじめ、この地を訪れた日蓮宗の僧であった日源《にちげん》が矢部川の水が紙づくりに適していることを知り、親族を故郷の越前国（福井県）から呼び寄せ、紙づくりの技術を伝えたのがはじまりと伝わっています。そのうちの一人が九州和紙の指導者と言われる矢箇部新左衛門《やかべしんざえもん》です。

筑後国では原料となる楮《こうぞ》が豊富に採れました。その楮と矢部川の水のおかげで溝口の和紙は品質が高いとされ、立花宗茂の統治時代から御用紙として認められていました。そののち吉政が国主となってからも、御用紙として溝口の製紙産業が盛んになるよう奨励されました。田中家が改易になったあとは、柳川藩主となった立花家が藩の御用達の紙として保護しています。矢箇部新左衛門の子孫の中には、紙を利用した不燃建材を製造販売す

矢箇部新左衛門の記念碑

る株式会社三和不燃ボードの矢加部尚武さんなど、溝口の地で、今も紙に関する技術を承継している方々がおられます。

吉政とキリスト教

吉政は浄土真宗を厚く保護する一方で、キリスト教にも理解を示し厚遇しています。吉政はキリスト教を奨励しており、家臣が洗礼を受けることも認めていました。みずからも、「パルトロメヨ」という洗礼名を持っています。

慶長一〇（一六〇五）年、イエズス会の報告書では「領主（田中吉政）と家臣たちは司祭が柳川へ行くと手厚くもてなし、挨拶をし、司祭たちと教会をたいそう厚遇してくれる。本年、彼（吉政）は良い地所を彼らに提供し、そこに教会と司祭が一名その藩庁に常駐できるのに必要なすべての宿泊施設を建設してくれた」と伝えています。

また、慶長一二（一六〇七）年には柳川を訪れた神父バエスを大いに歓待し、銀二〇枚を贈り、天主堂の聖像のために多額の寄付も行っています。当時、キリスト教を奨励した大名の多くはヨーロッパなど海外の情報を得ることを目的としていたようです。吉政は防衛、水運、治水、そして生活用水を確保するためにいくつもの堀を整備しました。なかでも柳川城下の掘割は美しい水の都市をつくり上げることとなりました。一説には柳川の都市デザインは水の都ヴェネツィアがモデルになったともいわれていますが、そうだとすれば、宣教師から聞いた情報がもとになっているのかもしれません。吉政も当然、海外の事情を知る情報源としての意味合いもあって異国の宗教を保護したでしょうから。

吉政の死後、その遺骨は現在の眞勝寺(柳川市新町)に祀られていますが、吉政の墓石は眞勝寺本堂の真下に建てられています。墓石に使用している石はキリスト教徒の間では高貴な石とされるもので、先端部分は十字に切り込みが入れられ、さながら十字架をイメージさせます。

本堂の下に墓石を安置するというのは本堂全体を含めて墓と考えたつくりになっているからだそうです。これはキリスト教徒のなかでも司祭など位の高い人物が墓をつくるときに採る方法だといわれています。

吉政の死

吉政の死については諸説ありますが、慶長一四(一六〇九)年二月一八日、江戸参

眞勝寺本堂（柳川市新町）と田中吉政の墓石

勤の帰途に伏見の旅亭でなくなったとされています。死因については病死、もしくは酒による毒殺などという説もあります。享年六二でした。ちなみに秀吉も六二歳で没しています。

法号は「崇厳院道越円光院」また「大格院殿前筑州大守従四位下　釈桐巖道越大居士」とおくられ、遺骸は金戒《こんかい》光明寺《こうみょうじ》（京都市黒谷）と眞勝寺（柳川市）に葬られています。

眞勝寺にある吉政の位牌には、表面に「筑州太守従四位下桐巖道越大居士神儀」、裏面には「慶長十六才次辛亥二月十八日」と墨書されています。

吉政は初代筑後国主として国境防備で国の守りを固め領民の安全を確保し、治水で自然災害を減らすと同時に領地を拡大し、豊かな国づくりを推進しました。また、城下町の整備と領内の交通の利便性を高め、道路沿いに町を立てるなど、わずか八年の間に国のあり方をデザインし、その実現のための様々な事業を成し遂げました。今日においても生き続けている都市の基盤をつくりあげた功績は高く評価されるべきだと思われます。

吉政の死後、その思いは四男の田中忠政に受け継がれました。残念なことに忠政は後継ぎには恵まれなかったため田中家は改易、以降は立花家が筑後国を治めることになります。しかし、今なお吉政は慕われており、毎年、吉政の命日近くになるとゆかりのある人々や柳川郷土研究会、田中吉政公顕彰会の方々、周辺の行政関係者などによって慰霊祭が行われています。

田中吉政の墓所がある金戒光明寺（京都府黒谷）と供養塔。
同寺には、天皇や公家、華族、徳川家康側室の阿茶局なども祀られています。また、松平家や松前家、本多家などの大名、山中鹿之助といった有名な武将、学者、文人、医師などの名前もあります。

【第八章】吉政と共に活躍した田中一族

信長の鷹商として奥羽に入る

田中吉政と同族といわれる田中一族には、吉政以外にも天下人を支えた人物がいました。田中清六正長という近江の豪商です。吉政は、武をもって信長・秀吉・家康といった天下人を支えましたが、清六は商人として経済の活性化と外交で天下人を支えたといえるでしょう。

田中清六は近江国高島郡田中下城村で生まれました。生まれた年についてははっきりとしたことは分りませんが、田中吉政の一族だと言われています。清六が生まれた近江国高島郡は、嘉禎《かてい》元（一二三五）年に佐々木高信が田中郷の地頭に任じられます。そして、佐々木氏の一族である高島、平井、朽木《くちき》、永田、横山、山崎、田中の七家が領地を治めますが、この一族は「高島七頭《たかしましちがしら》」などと呼ばれ、非常に大きな力を持っていたようです。清六は、この高島七頭の田中家の出身であると考えられます。

清六が表舞台に現れるのは、天正七年前後のことです。一七歳で既に、織田信長の鷹商として奥羽《おうう》地方（現在の東北地方）に出入りし、知られる存在になっていたようです。戦国時代、鷹は武将間の贈り物として非常に重要な意味を持っていました。特に、鷹の産地として知られた奥羽の武将は、中央の権力者との関係を強化するために鷹を贈っています。奥羽の武将が中央の権力者に鷹を贈るということは、臣従することを意味していたようです。豊臣秀吉は、松前氏に対して政権以外への巣鷹（鷹の鄙）の譲渡を禁じたことがあります。それほど、戦国武将にとって鷹は重要視されていたのです。

信長が鷹を好んだこともあり、天正七（一五七九）年、信長が安土城を築城すると、そのころから奥羽地方の武将たちが、信長に詣でて鷹や馬を献上しています。例えば、出羽大宝寺（山形県鶴岡市）の大宝寺義氏は同年七月一八日、鷹十一羽、駿馬五頭を献上していますし、陸奥遠野（岩手県遠野市）の遠野孫次郎（阿曽沼広郷）は七月二五日、白鷹を献上しています。信長はこの白鷹をたいそう気に入ったそうです。

奥羽の武将と豊臣政権を繋ぐ

清六は、一七歳頃から信長の鷹商として奥羽の大名たちと関係を築き、彼らに中央の情報を伝えたり、奥羽の武将達の情勢を中央に伝えたりするという役割を担っていました。そして、中央と奥羽の領主たちとをつなぐ政治的に重要な役割を果たすようになります。

奥羽の武将の中でも南部氏とは特に密接な関係を持っていました。天正一〇（一五八二）年、南部信直は南部氏の二六代目当主となりました。松前（北海道）を経て野辺地（青森）を廻って都に上る途中にこのことを知った清六は喜び、信直のいる三戸《さんのへ》城を訪れ信直に面会を申し出ます。信直も清六が訪ねてきたことを知り、すぐに会っていますので、二人の信頼関係はかなり強かったことがうかがえますし、清六がこのころ既に、南部氏との関係を築いていることを読み取ることができます。

織田信長が本能寺の変で明智光秀に討たれた後、明智光秀を討った豊臣秀吉が勢力を急速に拡大すると、信直は秀吉との関係を築き、東北地方での地位を確立しようとします。その際、清六は信直に秀吉との関係を築くのであれば、前田利家に取次人を頼むよう進言し、信直もその意見を入れて利家に良馬を贈りました。こうして南部氏は、豊臣家との関係を築くことができたわけです。

豊臣秀吉が天下人となる過程で、清六は豊臣家と奥羽の武将との関係構築のために積極的に活動します。表向きは鷹商として奥羽の鷹を買い求めながら、一方では、秀吉の命を受けて諸国をめぐり、各地の状況や武将たちの動静を秀吉に報告、あるいは、彼らを豊臣政権に組み入れるための交渉、説得などといった重要な任務を帯びていました。当時、異国の動静を調べたり、武将との連絡や交渉にあたるのは、非常に難しい役目でした。使者が裏切れば、大きな損害を受けることになるからです。そのため、使者に立てる人物を信頼していなければ、任せられません。清六は秀吉からの厚い信頼を得ていたといえるでしょうし、奥州での武将の対応を見ると秀吉の期待に沿う働きをしていたことがうかがえます。そうして秀吉の信頼を得た清六は、奥羽の武将と秀吉を繋ぐ仲介人としての役割を果たすほどの力を持つようになります。

秀吉は、四国、九州を平定して全国を統一する最後の仕上げともいえる小田原討伐を行いますが、その際も清六の活躍を見ることができます。秀吉は清六を使者に立て南部信直をはじめ、奥羽の領主たちに小田原討伐に加わるよう働きかけます。その結果、奥羽からは、南部、伊達、安東、秋田、佐竹、大浦（津軽）、最上、小野寺、戸沢が参陣します。これらの領主の多くは清六が出入りしていた親交をもっていた武将達です。

関東で大きな勢力を誇っていたとはいえ、秀吉は自前の軍だけでも北条氏を討つことは可能なはずです。しかし、秀吉は五万の北条に対して徳川家康、蒲生氏郷、細川忠興など二〇万以上の大軍勢をもって臨みます。秀吉はこの小田原討伐で、圧倒的な軍勢を動員することで、天下人としての力を諸大名に見せつけ対抗意欲を削ぎます。実際、伊達政宗も当初は秀吉の呼びかけを渋っていましたが、秀吉の圧倒的な軍勢を見て参陣しています。秀吉は、圧倒的な力を見せつけることで、伊達と戦うことなく従わせることができたというわけです。清六の活躍は、秀吉のこうした思いを支えるものでした。

また、その後の奥州仕置きにおいて、秀吉は小田原討伐に参陣した領主に対しては、それまでの領土権を安堵し参陣しなかった領主に対しては命に背いたということで改易などの厳しい処置を下しました。こうして秀吉は、中央集権体制を確立していったのです。

清六が豊臣政権の中枢部とつながっていたことを示す出来事は他にもあります。天正二〇（一五九二）年、関白秀次は京の南部邸に北奥の鷹を所望しました。このときの受取人の役を果たしたのが清六でした。清六は秀吉だけでなく、秀次からも信頼されており、知行も与えられていたようです。近江八幡城の留守居役を務めたこともあるようで、豊臣政権からの信頼も厚かったといえます。

しかも、文禄四（一五九五）年に秀次が切腹した秀次事件においては、連坐を免れました。一族の田中吉政と同じような処遇であったことからも、やはり、秀吉の厚い信頼を得ていたといえるでしょう。

徳川家康からも信頼を得る

清六は織田信長の鷹商として奥羽の諸大名との関係を築き、秀吉時代にはそうした大名と秀吉を繋ぐ役割を担い、奥州への影響力を大きくしていきます。奥州の大名との関係を見ると、戸沢政盛は知行六〇〇石を清六に与えていますし、南部氏は清六の功績に対して嫡男である彦右衛門に大迫地方を与えました。

清六は、所有していた千石船を使って奥州の米や特産物などを貨幣に交換するなど、東北地方の大名の経済活動にも密接にかかわっていたようです。それら清六の船については、北国の港で徴収される税などが免除されています。大老家康からその特権が認められていますし、その後、奉行衆からも免許状が与えられており、清六の商いは豊臣政権から保護されていたようです。

家康も清六の奥羽人脈や交渉力を評価したのでしょう。秀吉の死後、家康が諸大名に送った書状の中に清六の名前がよく出てくるようになります。例えば、出羽国の戸沢九郎五郎政盛は、会津の上杉景勝と接していることから、家康は景勝の動静を監視させていましたが、そのやり取りを仲介していたのが清六でした。

上杉氏を討伐する会津攻めが決すると、家康は山形城主最上義光を先鋒とし、南部利直、秋田実季、戸沢所盛らに出動を命じていますが、このときも清六が家康の意志を伝えています。

慶長五（一六〇〇）年、家康は上杉討伐に向かいますが、その家康に対し石田三成が挙兵しました。この時、家康は奥州の大名たちが家康に味方するよう画策します。この密命を受けて奥州を駆け回ったのも清六でした。また、関ヶ原での陣立《じんだて》を諸大名に伝える役目も清六が果たしています。清六は秀吉に続き、家康からも非常に信頼されていたのです。

家康は関ヶ原の戦いで石田三成率いる西軍を破り天下人となりますが、清六は家康の天下取りを陰で支えた功労者でもあったわけです。関ヶ原で敗れた大谷吉継の居城敦賀城（福井県）はその後、結城（松平）秀康が治めることになりますが、清六がしばらくの間、代官を務めていました。

佐渡金山の代官として新しい仕組みを導入

関ヶ原の戦いに勝利を収め国内の統治を進める家康は、徳川家の財政基盤を強固なものにするため、全国の金山、銀山を直接支配するようになります。戦国時代、江戸時代の経済基盤となったのは米ですが、海外の最新式の武器などの調達には金や銀が必要でした。そのため、秀吉は全国の金山、銀山を掌握しました。家康も同じように金山、銀山の支配を推し進めました。

慶長五（一六〇〇）年、徳川家康は田中清六を佐渡の代官に任じます。ただ、それまで佐渡を治めていた上杉氏の抵抗も予想されました。そこで、清六は同年十一月、検分のため越後寺泊（新潟県）に赴きます。そして翌慶長六（一六〇一）年、再度渡航し上杉氏の家臣で当地の代官を務めていた河村彦左衛門を取り込み、無事に佐渡を徳川家の直轄地として組み込むことに成功しました。

徳川家の直轄地となった佐渡は、当初、田中清六と河村彦左衛門の二人が代官として治め、金銀の採掘に当たります。ここで清六は、新しい採掘の仕組みを導入し、採掘量を劇的に増やします。当時は、山主が一年単位で山を開発していました。しかし清六は、この制度に替えて採掘する期日を決め、入札させる競争入札制度を採用。清六は諸国から鉱山師を呼び寄せ、間歩（坑区）ごとに運上金を入札させました。こうして互に競い合う仕組みを取り入れたこともあり、多くの間歩が開発され、佐渡金山は世界有数の金の産出量を誇るようになります。そのため、各地から佐渡に人が押し寄せ、生活物資が高騰するなど佐渡は大変な賑わいを見せていました。清六は、敦賀に蔵屋敷を構え、北奥羽に派遣した持船を利用し、金山御用の道具類を佐渡に輸送し財を得ます。

清六が代官を務めたのは三年程の短い間でした。当初、河村彦左衛門と清六の二人で治めていましたが、金銀の採掘量が増加すると吉田佐太郎、中川主税の二人が加わり、四人体制となります。家康は、政治が緩まないように奉行を交代制とする組織運営を行いますが、ここでも二人ずつによる交代制が導入されたわけです。

ところが、慶長八（一六〇三）年、問題が生じます。田中清六と河村彦左衛門は帰国し、交代制で吉田佐太郎と中川主税が治めていたとき、佐渡の農民に対して重税を課します。このことに不満を抱いた農民が江戸に直訴しました。その結果、吉田佐太郎は切腹、中川主税は改易となりました。直接関係がない田中清六と河村彦左衛門も責任を問われお役御免となり、清六は佐渡金山の経営から身を引くことになりました。

佐渡以外にも金山を開発

実は、清六の金山経営は佐渡金山が初めてではありません。慶長五(一六〇〇)年ころ、清六の長男である田中彦右衛門が南部利直によって大迫城の城代に任じられました。そして、大迫村に知行を与えられています。南部氏は清六の功績を評価し、それに報いるために大迫村を与えたのです。このとき、南部氏から大迫の地方の産金の権利も与えられています。大迫一帯は有数の産金地であったようで、これを開発したのが清六、彦右衛門、藤四郎といった田中一族だったのです。

清六は、佐渡の代官を辞めた後は、敦賀を拠点として、商いを広げていったとも言われています。佐渡金山奉行を解任された後も、北国の港での諸役免除という特権を与えられていました。清六は、七隻ほど所有していたといわれる千石船を裏日本沿岸に走らせ、流通機構の一翼を担っていたものと思われます。

慶長一九（一六一四）年、田中清六は亡くなりました。豪商として奥羽の大名などと盛んに商いをする一方、時の天下人の政治的基盤を支えました。清六には三人の息子がいました。長男の正繁（彦右衛門）は清六の後を継ぎ、清六を襲名します。二〇年余治めた大迫村の領地は南部氏に返上し、敦賀を拠点に商いを行います。蝦夷の松前氏と関わり、あるいは、出羽新庄藩（山形県）や越後沢海《そうみ》藩（新潟県）の蔵宿を務めるなど、豪商として商いに従事しました。三男の宗親は清水寺宝性院僧都（僧都＝僧正に次ぐ地位）となり、『田中宗親書上』を記しています。

【第九章】
改易、そしてその後の田中家

その後の田中家

田中家の統治は吉政が筑後国で八年間、子の田中忠政が一二年間の計二〇年間でした。忠政には子供がいなかったことから田中家は断絶となります。田中家は改易され、家臣たちは近江国に帰った者、九州の大名に仕官した者などさまざまだったようです。

また、吉政には孫が二人いたともいわれています。一人は勘当された吉政の長男・田中吉次の息子です。もう一人についての詳細ははっきりしませんが、三男・田中吉興が養子を迎えて家が続きました。この二家はいずれも徳川幕府の旗本として徳川家に仕えていたと伝えられています。

田中家は改易され国を失いましたが、ゆかりある人々の足取りを調べてみると、旧筑後国領内である福岡県みやま市の山川町真弓《やまかわまちまゆみ》や瀬高町廣瀬《せたかまちひろせ》などで、四〇〇年経った今日でも代々田中家の血をつないできたような地域があります。それらの地域をじっさいに訪ね、田中家との縁について調べてみました。

＊福岡県みやま市瀬高町廣瀬地区

廣瀬地区は九州自動車道「みやま柳川ＩＣ」と「八女ＩＣ」の中間から東側に広がる山手に向かった所で、柳川城から見ると直線距離にして約一三キロメートル、車でも三〇分ほどかかる距離にあります。矢部川を挟み久留米藩の領地となった八女市の対岸に位置し、柳川藩のころで考えれば領地の端にあたります。

廣瀬地区は矢部川に面していたことから吉政が入る前は洪水などの被害も多くありました。しかし、筑後国主となった吉政が矢部川の治水工事に着手、その流れを落ち着かせることができるようになると、人が移り住むようになったのです。

廣瀬地区は農耕に代えて和紙製造が盛んで、当時は矢部川沿いに和紙を扱う問屋や商店などが軒を連ねていました。矢部川には渡しがあり廣瀬で製造した和紙などを船で運んでいました。そういった問屋町に沿って走っていた道が柳川城と矢部村を結ぶ矢部往還で、商人や旅人など人の往来が活発だったことから多くの店なども並び、町は栄えて活気に満ちていたようです。

廣瀬地区一帯は美しい水と和紙の原料となる良質な楮《こうぞ》に恵まれていました。矢箇部氏が伝えた紙すきの技術によって作られる和紙はきわめて質が良く、御用紙として保護され、幕府に献上するなど藩を支える名産品の一つに数えられました。

そのため、御用紙の製造に携わっていた一帯は当時、比較的裕福な地域であったと考えられます。現在の廣瀬地区には八〇戸ほどの家がありますが、田中家と関係があるのは田中家と末次家のようで、約五〇戸が田中家、約二〇戸が末次家です。

数は少ないのですが河野水軍と同じ家紋の河野（川野）家も見受けられます。吉政とその一族の子孫を訪ねていくつもの地域を歩きましたが、田中家と縁があると思われる地域には河野姓や川野姓が存在しました。河野（川野）氏は、水軍として名を馳せた河野水軍の子孫で、船の扱いに長けた一族として水運などで吉政や清六をはじめとする田中一族と協力体制にあったのでしょう。吉政は筑後国で運河づくりを構想していたとも伝えられているだけに、そのあたり興味深い縁があるように感じました。

話を現在に戻しましょう。印刷業を営む有限会社田中紙工印刷の田中邦昭さんの先祖も、江戸時代は紙問屋を営んでいたといいます。邦昭さんの家紋は「左三つ巴」の

左三つ巴

隅切り左三つ巴

外側を八角形にした「隅切《すみき》り左三つ巴」という紋です。

同じ家紋を持つ田中和歌子さんの亡くなったご主人・田中照男さんは豊原小学校、瀬高南小学校などの校長を務められ、郷土史を熱心に調べ編纂されていたようです。このような方の研究のおかげで地域の歴史が残されているのでしょう。ちなみに和歌子さんによると、こちらの田中家でも代々、和紙を製造してそれを藩に納めていたそうです。ご近所の方々に伺ったところ、やはり和紙の製造に携わった家や田中賢さんのように番傘に塗る油を扱っていたお宅もあったようです。

明治に入って廣瀬地区から福岡県の中心部に移り住んだ子孫もいます。福岡市内で貸しビル業を手掛ける株式会社理創の田中啓之さんと建物資産コンサルタントの株式会社トリビュートの田中稔眞さんの先祖は、みやま市瀬高町廣瀬に住み紙問屋などを営んでいたようです。廣瀬地区の共同墓地に同家の先祖が彫らせたと思われる大きな石碑があります。そこには、先祖の一人である田中四方吉さんが明治期に小松宮彰仁親王の近衛兵であった記録が残されています。

家紋は「左三つ巴」です。田中吉政が使用した左三つ巴と同じ家紋を使用している家は、福岡の田中啓之さんと田中稔眞さん、株式会社井口工務店社長の吉田良子さん、東京永田町の田中絢子さんなど、非常に数が少ないようです。隅切り左三つ巴は比較的変化していない家紋で、吉政や清六など近江田中家の流れを汲んでいると思われます。また、この左三つ巴の家紋が受け継がれている家には、次のような家訓も伝わっているそうです。

一．当家の男は飲酒、喫煙厳禁（身体は天からの授かりもの、大切にせよ）
二．利より義を優先せよ
三．己を行なうに恥あり
四．早起きを心掛け、遅刻は厳禁
五．負け戦をさけ、機を見て出直せ

六．子の教育において、絶対に手を上げてはならない（対人関係に弱くなるという理由）
七．当家の者は賭けで勝つ才能は無いので絶対に手を出すな
八．当家の者は些細な悪事でも必ず明らかになる定めなので、真直ぐに正直に生きよ
九．迎え三歩送り七歩（人と出逢うときよりも別れ際が大切）

＊福岡県みやま市山川町真弓地区

みやま市山川町真弓は、肥後国（熊本県）との境界近くに位置する山に囲まれた一角です。真弓地区に住む田中家は、廣瀬地区の田中家とはかなり違う境遇にあったようです。六〇戸程の家のなかで吉政と縁のある子孫が一五軒残っています。その内、田中姓を名乗る家が一二軒、竹内姓を名乗る家が三軒あります。竹内家も田中家の流れを汲んでいるといわれています。

この地区では共同墓地の敷地内に吉政を祀っています。そこには石碑とご神体が安置されており、由来を尋ねるとこの地の田中家がどのような思いで生活し、主君を祀ってきたかが垣間見えました。

石碑とご神体の前には吉政との関係が表記されています。それによると、筑後国主となった吉政がこの地を守らせるため一族の重臣を住まわせたとあり、田中一族が住みつきましたが、田中家の改易後はこの地を立花宗茂が治めることとなりました。

立花宗茂は真弓地区の大庄屋に椛島家を任命し重く用いました。椛島家には田中家統治時代、椛島式部と子・椛島彦左衛門が吉政によって処刑されたといった経緯があります。その椛島家を再興させて真弓地区の統治を任せるようになったため、田中家ゆかりの人々は公然と吉政を祀ることができなくなりました。

そこで田中家の人々は吉政のご神体としている岩と石塔に「南無阿弥陀仏」の文字を刻んだのです。これなら主君・吉政を自分たちの神様として祀っていることは知られません。万が一、吉政との関連性を追及されても、これはあくまでも先祖供養であると言い逃れができるでしょう。そんな苦肉の策であったと考えられます。

こういった経緯は吉政を祀る田中家のお一人、田中晴美さんからも伺うことができました。晴美さんによると吉政と地域に関する話は伝えられてきたようで、毎年一月三〇日になると真弓地区の田中・竹内家が集まり、南無阿弥陀仏と彫られたご神体の前で神事による祭例を執り行うそうです。身の危険を感じながらも代々、吉政の一族であるという誇りを抱きながらご神体を祀り、後世に伝え続けようとしたその苦労は、我々の想像がおよばないほど厳しいものであったにちがいありません。

八女の田中義照さんと弟の泰裕さんは、吉政の二男で久留米城主だった田中吉信《よしのぶ》(主膳正《しゅぜんのかみ》)の子孫と思われます。お二人の本家にあたる久留米市北野町の田中家には田中吉信の位牌があったそうで、昭和三三年に西方寺《さいほうじ》の住職が田中家を訪れたおり、ご住職にこの位牌を見せたところ「この位牌は当寺を興した田中主膳正です」と説明を受けて驚いたといいます。

福岡県小郡市には吉政の弟・清政の子孫がおられます。田中重雄さんは一三代目の子孫に当たり、菩提寺である榮恩寺《えいおんじ》に残る資料では重雄さんの先祖を田中清政《きよまさ》まで遡ることができます。「田中家初代ヨリ之記録」によれば、田中清政の子孫は有馬藩より大庄屋に任じられ地域の統治に関わっていたようです。

他にも、吉政の系譜であるという確証はないまでも、口伝や推測からおそらく末裔であろうという方々がいらっしゃいます。本名が田中吉政という千年乃松酒造《ちとせのまつしゅぞう》株式会社の田中吉政社長は、本家の場所や家紋などから考えると田中則政との縁がありそうです。

その他田中家改易後、田中一族にとっては多少窮屈であったため、身分を伏して苗字を変えたり（例えば、十中家）家紋を変えたりして生き延びた人々も多く存在するようです。

余談ですが、黒田藩領であった朝倉地区にある品照寺《ほんしょうじ》を訊ねたとき、たいへん貴重なお話を聞くことができました。品照寺は、筑前国触頭《ふれがしら》（※本山や寺社奉行からの命令を配下の寺院に伝える役目）であった博多の萬行寺から幕府や福岡藩、本願寺からの御触状を取り次ぐ重要な役割を担っていたお寺。天正一五（一五八七）年、秀吉の九州平定の際、本願寺の教如（顕如の長男）が九州に下向した際には、教如一行の宿泊所を務めています。そのお宿役を務めた五人の中に田中久造と田中伊助という二人の田中姓の名が記された資料が残っていました。吉政との関係というと、定かではありませんが、地域の中で重要な役割を果たしていたのは確かなようです。

吉政の功績を称える活動

吉政の功績を伝えていこうと活動している団体もあります。「田中吉政公顕彰会（荻島清会長　福岡県柳川市坂本町）」です。吉政の功績を顕彰する目的で約五〇年前から活動していて、田中氏の関係者だけで構成されているわけではなく、柳川郷土研究会や柳川、大川、みやま、大和の建設協同組合などがその活動を支えている団体です。会員数は一六〇名あまりを数え、吉政の命日である二月一八日前後の日曜日には顕彰会会員をはじめ柳川市やみやま市の市長や役職者、商工会などから毎年、多くの人々が参列し慰霊祭を行っています。

全国に広がった田中氏

田中吉政とその一族は、近江（滋賀県）、岡崎（愛知県）、筑後（福岡県）を治め、改易後は福岡に留まった人もいれば、近江に帰った人もいます。他の藩に召抱えられた人もいましたし、岩手や石川に移

400年記念事業として本を出版

り住んだ人もいました。

吉政の一族である田中清六は、福井の敦賀を拠点に自前の千石船で奥羽地方をはじめ各地を往来した記録が残っています。そうして、田中一族は全国各地に赴き、根を下ろした人々も多かったと思われます。全国に田中の地名が散見されますが、その地域を支配した田中氏の名前から付けられたものも多いと考えます。

田中氏も佐々木源氏系以外に幾つもの系統に分かれています。石清水八幡宮祠官家の紀姓垂井勝清の子慶清や藤原北家貞嗣流範光の子崇元は田中氏を呼称したことで田中家が始まりました。新田里美系田中氏は鎌倉時代初期、清和源氏新田系里見義俊の子義清が上野国新田荘田中郷（群馬県新田町田中）を領して里見田中氏を名乗りました。安土桃山時代に活躍した茶人・千利休（田中与四郎）を新田里美系とする説もあります。村上源氏赤松氏則の子氏勝も田中氏を名乗りました。

田中吉政の像

田中氏には著名人も多くいます。江戸時代には、会津藩主・保科正之の家老として絶大な信頼を得、天下の名家老と評された田中正玄《まさはる》。筑後久留米（福岡県久留米市）では、万年時計やからくり人形などをつくり海外からも高い評価を得た「からくり儀衛門」こと田中久重が活躍しました。久重は晩年、東京の京町で田中製造所を設立。この会社が後に東芝の基礎となりました。

明治二〇（一八八七）年、実業家田中長兵衛は国内最古の製鉄所といわれる釜石鉱山田中製鉄所（新日鐵住金釜石製鐵所の前身）を設立。日本で初めて洋式の民間製鉄所を設立するなど、日本近代製鉄の礎を築きました。釜石鉱山田中製鉄所の後にできた八幡製鐵所の創業に当たり、釜石鉱山田中製鉄所から七人の高炉作業者を派遣し、それまで培ってきた技術を伝えています。

鉄といえば、国家建設や武力強化に欠かせないものです。この製鉄の分野でも田中氏は関わってきました。鋳物師《いもじ》という鋳造を行う者の中にも田中氏の存在が見て取れます。鉄は仏像や武器を製造する材料となることから、時の権力者は鉄の製造と鋳造技術を持つ鋳物師を政権に抱え、重用します。そのため、鋳物師の田中氏も各地の権力者と結びついていったようです。

天智二（六六三）年の白村江の戦で唐・新羅の連合軍に破れた百済から多くの人たちが日本に逃れてきました。宗像氏や安曇野氏の船で先ず大宰府に渡り、それから京都や琵琶湖の周辺にその多くが根を下ろしたようです。その中には、土木や製鉄に関する高い技術力を持つ人がいました。そうした人たちは、政権や地方の権力者に招かれ国力増強に貢献することで、力をつけていった面もあるようです。一部の田中氏の先祖は、こうした渡来人であった可能性もあると思われます。

おわりに

田中吉政は初代筑後国主として九州に入って以降、洪水をともない荒れ狂う筑後川や矢部川、有明海の水害から民を守るための治水事業を進め、現在の柳川市と周辺都市の基礎を作り上げました。今や「土木の神様」と称えられる吉政は、当時もその磊落《らいらく》な性格で広く慕われていたようです。

吉政は歴史に大きな足跡を残した武将ですが、田中家が統治した年月の短さからか、誰しもが名を知る戦国武将ではなく、歴史に埋もれてしまった一人といえます。しかし、寡兵《かへい》による勝利や、版図を拡大した戦略だけが名将の条件ではありません。立身出世や国づくりの功績を考えれば、吉政は名将に数えられて然るべき人物です。

上に立つ者としての手腕と実行力は、現代に生きる我々もきっと見習うところが多いはずですから。

平成29年11月　宇野秀史

あとがきにかえて

平成三〇年一月二六日の西日本新聞の朝刊で、田中吉政公の足跡を掲載していただきました。新聞記事の内容を抜粋し、あとがきにかえさせていただきます。（担当記者は、森竜太郎氏）

奥有明歴史文化倶楽部　半田　隆夫

「土木の神様」田中吉政を追う
関ケ原後の初代筑後国主　3日で潮止め堤防、柳川の掘割整備…

柳川藩初代藩主、立花宗茂（1567〜1642）と妻の誾千代《ぎんちよ》を主人公とするNHK大河ドラマの招致キャンペーンを展開する柳川市。だが柳川には関ケ原の戦い後の8年間、宗茂に劣らぬ名君がいたことはあまり知られていない。初代「筑後国主」として筑後地方一帯を治めた田中吉政（1548〜1609）だ。柳川を中心にその足跡をたどった。（森竜太郎）

吉政は近江国（滋賀県）生まれ。田中家は地侍だったと伝えられるが、豊臣秀吉に仕えて頭角を現し、三河国（愛知県）の岡崎10万石の城主となる。関ケ原の戦いでは西軍の石田三成を捕らえるなどの功績を挙げ、32万5千石を得て１６０１年に柳川城へ入った。

「吉政は秀吉や家康といった時の権力者の近くで活躍した。筑後入封は島津や鍋島、黒田といった大名を抑える意味もあり、家康の信頼の厚さがうかがえる」。近世藩政史研究家で福岡女学院大生涯学習センター講師の半田隆夫さん（79）＝柳川市大和町＝は言う。

半田さんがさらに強調するのは為政者としての能力の高さだ。近江や三河、亡くなるまでの短い間に筑後一円で手掛けた都市計画や事業を見て、全国の歴史家はもっぱら、こう称するという。「土木の神様」だと。

代表的なものが、現在の大川市からみやま市にまたがる潮止め堤防「慶長本土居」。総延長32キロのうち、25キロの第1期工事は入封翌年の１６０２年8月、わずか3日間で完成させた。本土居は道路などに変わり原形をとどめないが、柳川市大和町には記念碑がある。「用意周到に干潮と小潮を見極め、農民を総動員して一気に造った」と半田さん。築堤は有明海干拓による新田開発にも貢献した。柳川城と支城の久留米城をほぼ直線で結ぶ「久留米柳川往還」も同年の事業。県道23号はこの道路が礎で、今も「田中道」と呼ばれることがある。半田さんと車を走らせると、大木町の住吉宮など、沿線には吉政を祭る多くの社があった。半田さんは「短い治世だったが、いかに筑後の発展に貢献した人物であったか分かってもらえましたか」とほほ笑む。

城下町柳川の原形となる町割りや掘割の整備、5層の天守閣の建造なども吉政の手による。柳川の川下りコース中間点には銅像が建つ。右手に扇、左手には望遠鏡。何やら工事の現場監督のようなたたずまいだ。

江戸参勤の途上に伏見（京都府）で客死した吉政は柳川市新町の真勝寺に眠る。墓石は本堂の下。遺言により本堂を墓石の覆屋《おおいや》として造らせ、本堂自体が吉政の墓という。

毎年2月、地元の顕彰会が命日に合わせ、同寺で顕彰祭を開き遺徳をしのぶ。（中略）顕彰会メンバーには土木、建築業関係者も多く名を連ねる。やはり「土木の神様」なのだろう。

「土木の神様」田中吉政を追う

関ケ原後の初代筑後国主

柳川藩初代藩主、立花宗茂（1567～1642）と妻の誾千代を主人公とするNHK大河ドラマの招致キャンペーンを展開する柳川市。だが柳川には関ケ原の戦い後の8年間、宗茂に劣らぬ名君がいたことはあまり知られていない。初代「筑後国主」として筑後地方一帯を治めた田中吉政（1548～1609）だ。柳川を中心にその足跡をたどった。

（森竜太郎）

自ら手掛けた柳川の掘割を見守るように立つ田中吉政の銅像

吉政は近江国（滋賀県）生まれ。田中家は地侍だったと伝えられるが、豊臣秀吉に仕えて頭角を現し、三河国（愛知県）の岡崎10万石の城主となる。関ケ原の戦いでは西軍の石田三成を捕らえるなどの功績を挙げ、32万5千石を得て1601年に柳川城へ入った。

「吉政は秀吉や家康といった時の権力者の近くで活躍した。筑後入封は島津や鍋島、黒田といった大名を抑える意味もあり、家康の信頼の厚さがうかがえる」。近世藩政史研究家で福岡女学院大生涯学習センター講師の半田隆夫さん(79)＝柳川市大和町＝は言う。

㊨慶長本土居の記念碑前で、吉政の業績について語る半田さん㊧県道23号沿いの住吉宮にある吉政を祭った社

3日で潮止め堤防、柳川の掘割整備…

筑後発

半田さんがさらに強調するのは為政者としての能力の高さだ。近江や三河、亡くなるまでの短い間に筑後一円で手掛けた都市計画や事業を見て、全国の歴史家はもっぱら、こう称するという。「土木の神様」だと。

代表的なものが、現在の大川市からみやま市にまたがる潮止め堤防「慶長本土居」。総延長32キロのうち、25キロの第1期工事は入封翌年の02年8月、わずか3日間で完成させた。本土居は道路などに変わり原形をとどめないが、柳川市大和町には記念碑がある。「用意周到に干潮と小潮を見極め、農民を総動員して一気に造った」と半田さん。築堤は有明海干拓による新田開発にも貢献した。

真勝寺本堂の下にある吉政の墓石

柳川城と支城の久留米城をほぼ直線で結ぶ「久留米柳川往還」も同年の事業。県道23号はこの道路が礎で、今も「田中道」と呼ばれることがある。半田さんと車を走らせると、大木町の住吉宮など、沿線には吉政を祭る多くの社があった。半田さんは「短い治世だったが、いかに筑後の発展に貢献した人物であったか分かってもらえましたか」とほほ笑む。

城下町柳川の原形となる町割りや掘割の整備、5層の天守閣の建造なども吉政の手による。柳川の川下りコース中間点には銅像が建つ。右手に扇、左手には望遠鏡。何やら工事の現場監督のようなたたずまいだ。

江戸参勤の途上に伏見（京都府）で客死した吉政は柳川市新町の真勝寺に眠る。墓石は本堂の下。遺言により本堂を墓石の覆屋として造らせ、本堂自体が吉政の墓という。

毎年2月、地元の顕彰会が命日に合わせ、同寺で顕彰祭を開き遺徳をしのぶ。今年の顕彰祭は2月12日午前10時から。一般参加も可能で、新調された記念碑の除幕式や八女市の劇団「八女福島文平座」による吉政を題材にした劇の上演などがある。顕彰会メンバーには土木、建築業関係者も多く名を連ねる。やはり「土木の神様」なのだろう。

2018.1.26 西日本新聞 朝刊

田中氏家譜（略系図）

- 重政
  - 吉政（竹、久次、久兵衛、長政、宗政）
    母は宮部継潤の家臣、
    国友與左衛門の姉
    従五位下　兵部大輔
    従四位下　侍従
    筑後守　筑後国主（柳川城主）
    - (長男)吉次（久次郎、吉久、常政、長顕）
      従五位下　民部少輔
      - 吉勝
        民部
        - 政信
    - (二男)吉信（主膳、主膳正、則政、廣政）
      久留米城主
      慶長一五（一六一〇）年六月二九日病死
    - (三男)吉興（久兵衛尉、吉勝、康政、安政）
      福島城主　元和八（一六二二）年隠居
      寛永六（一六二九）年六月病死
      - 吉官
        主殿頭
        - 定官
    - (四男)忠政（隼人、隼人正）
      従五位下　隼人正　従四位下　筑後守
      筑後国主（柳川城主）
      元和六（一六二〇）年八月七日、
      江戸で病死
  - 清政（左馬允）
    赤司城主
    元和五（一六一九）年九月二五日、
    城内で卒去

田中吉政 略年譜

※年齢は満年齢

西暦（年号）	月・日	年齢	出来事	社会の動き
一五四八（天文17）年		誕生	田中重政の子として近江国に生まれる	
一五八一（天正9）年		34歳	宮部継潤配下として鳥取城を攻撃	
一五八二（天正10）年	六月二日	35歳		本能寺の変で織田信長が死去
一五八四（天正12）年		37歳	三好秀次（豊臣秀次）に従い、小牧・長久手の戦いに出陣	
一五八五（天正13）年	三月二〇日 閏八月二三日	38歳	根来寺攻めに出陣 近江八幡城主三好秀次の宿老として三万石を拝領	秀吉、根来・雑賀一揆を平定 秀吉、四国を平定 秀吉、関白となる
一五八六（天正14）年		39歳		秀吉、太政大臣となり、豊臣姓を賜わる
一五八七（天正15）年		40歳		秀吉、九州を平定 バテレン追放令発布
一五八八（天正16）年	三月一七日	41歳	従五位下、兵部大輔に叙任	秀吉が刀狩令、海賊取締令を発布
一五九〇（天正18）年	八月二五日	43歳	秀吉より岡崎城を受け取る 秀吉より三河国額田郡・賀茂郡五万七四〇〇石を拝領	秀吉、小田原平定 秀吉、奥州平定
一五九二（天正20）年	一月一一日	45歳	秀吉より伊勢国三重郡において三〇〇〇石を拝領	文禄の役（朝鮮の役）が始まる
一五九五（文禄4）年	八月八日	48歳	秀吉より三河国西尾・尾張国知多郡において三万石を加増	豊臣秀次、切腹

一五九六（文禄5）年	七月二七日	49歳	三河国高橋郡において一万四二五二石を加増され、一〇万石の大名となる	
一五九七（慶長2）年		50歳		慶長の役（朝鮮への再出兵）開始
一五九八（慶長3）年		51歳		秀吉、死去。 五大老による朝鮮からの撤退命令が下される
一六〇〇（慶長5）年	九月一五日 九月二一日	53歳	関ヶ原の戦いで東軍として戦う 敗れた西軍の将・石田三成を近江国伊香郡古橋村で捕縛	関ヶ原の戦い
一六〇一（慶長6）年	四月	54歳	筑後国三二万五〇〇〇石の国主として柳川城に入部	
一六〇二（慶長7）年	七月二五日 八月六～九日	55歳	「台所入りの掟」五五か条を示し、領内支配の徹底を図る 慶長本土居三二キロメートルの内、二五キロメートルの有明海沿岸防潮堤防をわずか三日で築く	
一六〇三（慶長8）年	三月二五日 一〇月一七日	56歳	従四位下、筑後守に叙任 久留米柳川往還（田中道）筋に土甲呂町・津福町などを町立てし、諸公役免除	徳川家康、征夷大将軍となり、江戸幕府を開く
一六〇四（慶長9）年	一一月七日	57歳	久留米瀬の下に新川開削、舟運をはかる	
一六〇五（慶長10）年		58歳	キリシタンに好意を示し、天主堂の用地を寄進	
一六〇七（慶長12）年		60歳	柳川を訪れた神父バエスを大いに歓待し、銀二〇枚を贈り、天主堂の聖像のために一万二〇〇〇デンエを喜捨。	
一六〇九（慶長14）年	二月一八日	62歳	参勤の帰途、伏見の旅亭で死去。	

【おもな参考文献】

『筑後国主 田中吉政・忠政とその時代』半田隆夫著　田中吉政公顕彰会
『秀吉を支えた武将・田中吉政』市立長浜城博物館・岡崎市美術博物館・柳川古文書館
サンライズ出版
『秀吉の忠臣・田中吉政とその時代』田中建彦・田中充恵　鳥影社
『旧参謀本部編纂 関ヶ原の役』徳間書店
『真説石田三成の生涯』白川 享　新人物往来社
『石田三成』今井林太郎　吉川弘文館
『武将列伝』海音寺潮五郎　文春文庫
『私説・日本合戦譚』松本清張　文春文庫
『ｂｂ合戦までの90日』小和田哲夫　ＰＨＰ研究所
『地図で知る戦国』武楊堂
『日本合戦武具事典』笹間良彦　柏書房
『日本戦陣作法事典』笹間良彦　柏書房
『希代の軍師　黒田如水』興膳克彦　叢文社
『戦国合戦図屏風』学習研究社

『日本城郭辞典』鳥羽正雄　東京堂出版
『定本　日本城郭辞典』西ヶ原恭弘（編）秋田書房
『図説　日本城郭大辞典』日本図書センター
『久留米市史』第二巻
『筑後市史』第一巻
『柳川の歴史と文化』甲木　清
『柳川の歴史3　筑後国主田中吉政・忠政』中野等　柳川市
『福岡縣史資料』第三輯
『品照寺のあゆみ』大石大哲　品照寺門信徒会
『武士のメシ』永山久夫　宝島社
『戦国の食術』永山久夫　学研新書
『初期豪商田中清六正長について』村上直　法政史学
『田中清六父子の北奥羽出入りと時代風景』神宮滋　北方風土
『田中宗親書上』
『鷹・鷹献上と奥羽大名小論』長谷川成一　本荘市史
『出羽國最上郡　新庄古老覺書』
『新庄市史　第二巻』
『東奥羽旧史集』

【著者プロフィール】

[監修] 半田 隆夫（はんだ たかお）

昭和 13（1938）年、大分県中津市に生まれる。大分舞鶴高校、九州大学大学院文学研究科修士課程（史学専攻）修了。九州共立大学、放送大学福岡学習センターを経て現在は、福岡女学院大学生涯学習センター講師。平成 8（1996）年 12 月「神神と鯰」、平成 11 年 2 月「神佛と鯰」、平成 17 年 2 月「神佛と鯰　続 1」のテーマで、東京・赤坂御所にて秋篠宮殿下に御進講。著書に『九州の歴史と風土』、『中津藩　歴史と風土』1 ～ 18 輯、『豊津藩　歴史と風土』1 ～ 10 輯、『薩摩から江戸へ―篤姫の辿った道』共著に『福岡県史』（近世史料編）、『大分県史』（近世編 2、4）、『藩史大事典』（第 7 巻）。福岡県柳川市在住。

[原作] 箱嶌 八郎（はこしま はちろう）

昭和 15 年福岡市生まれ。修猷館高校、早稲田大学第一政経学部卒。
商社勤務後プラスティック加工業を興す。定年退社後、建築設計事務所経営。人間分析学 四柱推命学現代看法大乗推命学会、及び現代家相研究会会長。小説「ヤマシャクナゲ」で文芸思潮第 1 回銀華文学賞奨励賞受賞。小説「父のソフト帽」で、第 23 回森鴎外記念北九州市自分史文学賞大賞受賞。季刊「九州文学」同人。講道館柔道 5 段（早大柔道部 OB）、黒田藩伝柳生新影流居合術 6 段。福岡市在住。
原作「にら雑炊（『トップの資質』収録）」著者。

[解説] 宇野 秀史（うの ひでふみ）

昭和 40（1965）年熊本市生まれ。熊本県立第二高校、京都産業大学経営学部卒業後、地元出版社で経済誌の営業を担当。2007 年 7 月独立、コミュニケーションの促進を目的としたツールの企画・製作を手掛ける。2011 年 7 月中小企業向けビジネス情報誌「Bis・Navi」を創刊。株式会社ビジネス・コミュニケーション代表取締役。福岡市在住。

[漫画] 松本 康史（まつもと やすふみ）

昭和 52(1977)年生まれ。アシスタントを経て秋田書店など商業誌で連載。映画「バクマン」本編のオリジナルマンガ（劇中マンガ）の作画他も担当。

【編集協力】
財団法人立花家史料館
田中吉政公顕彰会
福岡イブニングロータリークラブ
柳川古文書館
柳川ロータリークラブ

【お世話になった方々・団体（五十音順・敬称略）】
荒巻英樹、浦岡香、榮恩寺、宇野敦、大谷芳子、乙木新平、金氏誠、金子俊彦、川口玲子、河野光明、清田準一、古賀政文、金戒光明寺、坂口政文、塩塚純夫、塩谷達昭、嶋井安生、志村宗恭、新宮松比古、眞勝寺、田中絢子、田中邦昭、田中啓、田中賢、田中賢治、田中重雄、田中慈郎、田中新次、田中稔眞、田中範行、田中晴美、田中弘、田中啓之、田中靖洋、田中泰裕、田中義照、田中吉政、田中利旺、田中和歌子、田村志朗、徳重邦子、中尾賢一郎、中島之啓、野下誠司、林田晶子、日牟禮八幡宮、平田喜勝、品照寺、益永亮、松汐幸子、宮川東一、村山聖吾、矢加部尚武、山際千津枝、山本健治、結城孝、横田進太、和佐野健吾

【企画・制作】
株式会社ビジネス・コミュニケーション
株式会社梓書院

田中吉政《たなかよしまさ》 天下人《てんかびと》を支《ささ》えた田中一族《たなかいちぞく》

平成 30 年 1 月 15 日初版発行
平成 30 年 9 月 15 日三刷発行

監　修　半田隆夫
原　作　箱嶌八郎
解　説　宇野秀史
漫　画　松本康史

発行者　田村志朗
発行所　㈱梓書院
福岡市博多区千代 3-2-1
TEL092-643-7075

印刷・製本／シナノ書籍印刷

ISBN978-4-87035-619-1